中等职业教育改革发展示范学校建设项目成果系列教材

液晶电视机原理与维修技能训练

（修订版）

何培森　主编

科学出版社

北　京

内 容 简 介

本书共有 20 个项目，对液晶电视机液晶材料的基础知识、彩色液晶屏的结构与工作原理，以及液晶电视机的安全生产、生产工艺、质量检测等方面的知识与技能做了系统的介绍；对液晶电视机各个单元电路的工作原理进行了系统分析，对各个单元电路故障的维修技能提供了专题训练的方法。

本书很多理论知识内容与实际操作技能训练内容独树一帜，很适合中职与高职院校、技工院校电子技术类专业的师生使用。

图书在版编目（CIP）数据

液晶电视机原理与维修技能训练/何培森主编. —北京：科学出版社，2015

ISBN 978-7-03-043983-3

Ⅰ.①液… Ⅱ.①何… Ⅲ.①液晶电视机－理论－中等专业学校－教材 ②液晶电视机－维修－中等专业学校－教材 Ⅳ.①TN949.192

中国版本图书馆 CIP 数据核字（2015）第 062587 号

责任编辑：吕建忠 王君博 金 金 / 责任校对：刘玉靖
责任印制：吕春珉 / 封面设计：一克米工作室

科学出版社 出版
北京东黄城根北街 16 号
邮政编码：100717
http://www.sciencep.com
天津市新科印刷有限公司 印刷
科学出版社发行 各地新华书店经销
*
2015 年 3 月第 一 版 开本：787×1092 1/16
2023 年 7 月修 订 版 印张：10
2023 年 8 月第八次印刷 字数：210 000

定价：35.00 元

（如有印装质量问题，我社负责调换〈新科〉）
销售部电话 010-62142126 编辑部电话 010-62135763-1028

中等职业教育改革发展示范学校
建设项目成果系列教材

前　言

随着数码电子产品技术的不断发展，传统的CRT电视机正被平板液晶电视机所取代。目前，液晶电视机正向多功能化、超薄型化和智能化的方向发展。

电视机技术这门课程是电子技术应用专业的学生必学的主要专业课程，这门课程的特点是理论知识面广、动手操作能力要求高、实用性强。由于电视机产品在转型升级，教材的内容相对滞后，供学生实际操作用的设备由CRT电视机改为液晶电视机后，教与学的难度都较原来增大。为方便电子技术应用专业的学生系统学习液晶电视机的理论知识与掌握维修技能，并有利于老师指导学生开展实际操作技能训练，提高电视机技术课程的教学质量，特编写此书。

本书的主要特点是理论知识系统性强，从液晶材料的基础知识、液晶屏的结构与工作原理、各个单元电路的工作原理等方面进行了系统的分析；实际操作技能训练内容丰富，从安全生产要求、工艺技术、质量检测技术、维修技能训练等方面做了系统的介绍；实用性强，书中技术参数、电路原理图、生产工艺、检测维修技术都直接来源于TCL王牌液晶电视机生产厂家。叶志鹏等工程师对书稿的编写提出了很多宝贵意见。

本书由何培森主编。在本书的编写过程中，惠州市技师学院（惠州市高级技工学校）的领导和老师给予了大力支持和帮助，在此一并表示衷心的感谢。

本书共有20个项目，理论知识系统性强，实际操作技能训练内容丰富，很多理论知识内容与实际操作技能训练内容独树一帜，是一本难得的教材，很适合中职与高职院校、技工院校电子技术类专业的师生使用。

编　者

2014年11月

目　　录

第一篇　彩色液晶屏

液晶电视机与传统的CRT电视机相比，具有可平板化、图像无几何失真、环保无X射线、节能省电和图像效果良好等诸多优点，已取代了传统的CRT电视机，进入千家万户。目前，液晶电视机正向智能化、多功能化的方向发展。液晶电视机结构精密，图像信号处理原理、液晶屏显像原理都比较复杂。本篇先从基础入手，系统介绍液晶材料的基础知识、彩色液晶屏的结构和彩色液晶屏的显像原理等方面的内容。

项目一　液晶材料的基础知识

【教学目标】

掌握液晶材料的组成结构、电光特性等基础知识。

【工作任务】

1）掌握液晶材料的种类及结构。
2）掌握液晶材料分子的电光特性。

相关知识

液晶显示器、液晶电视（LCD TV）已进入千家万户，其功能越来越多，智能化水平越来越高。液晶电视机的组成结构与工作原理都较复杂，应进行深入的理论研究与实际操作训练，才能系统掌握液晶电视机的原理与维修技术。

在本课题中，先来学习液晶材料的种类、结构及电光特性等方面的内容。

液晶电视机中的核心部件是液晶显示屏，液晶显示屏里有一种特殊的材料，这种特殊的材料就是液晶材料。液晶材料是一种什么材料？它具有什么电光性质？为什么能用来做显示屏？这是首先应弄清楚的问题。

一、液晶材料

1. 固体的基本性质

物质通常有固体、液体和气体三种状态，它们之间在一定的温度下可以互相转化，而且相互转化时都有固定的温度点。

固体可以分为晶体与非晶体。非晶体，如塑料、玻璃等，没有固定的熔点，具有各向同性的基本特性，即在固体的各个不同的方向（面）上具有相同的物理性质，即具有相同的力学性质（硬度相同等）、电学性质（介电常数、电阻率相同等）及光学性质（吸收系数、折射率相同等）。

晶体，如岩盐、明矾、水晶和金属等，则有固定的熔点，具有各向异性的基本性质，即在固体的各个不同的方向（面）上具有不同的物理性质，即固体的各个不同的面上其力学性质、电学性质和光学性质是不相同的。

2. 液晶的发现

在自然界中，有些呈晶体结构的有机化合物的固体晶体被加热时，不会直接变成液体，而是先变为混浊的中间状态，只有再继续加热时，才变为液体，与日常生活中冰加热时，由固态变为液态的情况不同。上述的晶体有机化合物被加热时所出现混浊的中间状态，既具有液体特有的流动性质，又具有固体晶体各向异性的性质，其状态与性质介于固体晶体与液体之间，因而人们称其为液晶体，简称液晶。液晶用 Liquid Crystal（LC）来表示。

液晶材料最早是由奥地利的植物学家于 1888 年发现的，但直到 1968 年，经美国的 RCA 公司进一步研究才发现，液晶材料中的分子在外加电场的作用下会重新排列，并且可以让入射的光线产生偏转现象。液晶材料从此进入实用阶段，被研究制作成液晶显示屏。

3. 什么叫液晶

液晶是一种结构较复杂的有机化合物，常温状态下，其具有晶体（固体）的各向异性特性，且为黏稠的液体状，继续加热时，则变成各向同性而透明的液体。在常温条件下，液晶材料呈现出既有液体的流动性，又有晶体的各向异性，因而称为“液晶”。它既不同于不能流动的晶体，也有别于各向同性的液体，是物质的一种特殊状态。

液晶可以存在于自然界中，也可以人工合成，种类很多。把肥皂放入水中浸泡较长时间以后，所形成的乳白色的状态，就是一种液晶态。

二、液晶分子的空间结构与种类

1. 液晶分子的空间结构

就单个液晶分子而言，其空间结构为细长棒形状，长约 10nm，宽约 1nm。就大量的液晶分子的排列而言，其排列是有规律性和方向性的，排列的情况不同，液晶分子的种类也就不同。

2. 液晶分子的种类

液晶的种类很多，按不同的分法，种类也就不同。常用于显示器的液晶，按各个分子在空间的整体排列情况的不同，主要分为以下三种，其液晶分子的结构图，如图 1-1 所示。

1）层状液晶体。这种液晶的大量分子聚集在一起，形成一层一层的结构，每一层的分子的长轴方向相互平行，其结构因较接近一般晶体的结构，故又称近相液晶。

2）丝状液晶体。应用于彩色显示器的液晶体，其分子不是分层排列的，各棒状分子的长轴相互平行，前后交错地排在一起，指向某一方向。

3）螺旋状液晶体。从整体上看，其结构是分层的，同一层内的液晶分子排列的长轴方向的指向基本是相同的，但不同层之间分子排列的指向是不同的，且有一定的夹角，与麻绳的结构相似。这种液晶材料通常与丝状液晶相混合，形成混合物材料，以改变液晶分子的旋光性能。

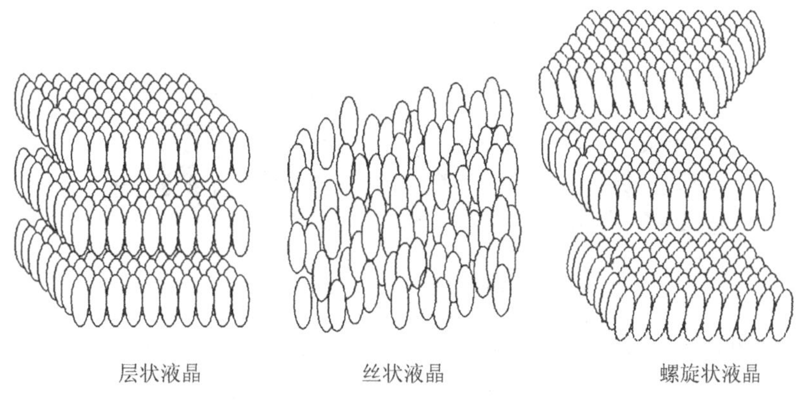

图 1-1　液晶分子的结构图

正是由于液晶分子的长轴具有指向性排列，又不像通常晶体结构那样坚固这一特点，使其对光、电的物理性质的参数在分子长轴方向及其短轴方向取不同值，并在电场、磁场、温度和应力等外部因素的作用下，其分子结构会重新排列，液晶体各种光学性质随之发生变化，才使液晶电视的制造成为可能。

三、光的特性

为更好地了解光在液晶中的传播情况，下面先介绍光的特性。

1. 光是一种电磁波

光是一种以电磁波形式存在的物质。实验表明，光是由光子组成的，光子是一种粒子，光子有质量、速度，可以产生反射、辐射和光电效应等现象。同时，光又具有波动性，光是一种波，而且是一种横波，其光子的振动方向与传播方向是互相垂直的，能产生干涉、衍射和偏振等现象。综上，光具有波粒二象性的特性。

2. 自然光与偏振光

一束向前传播的自然光，任一时刻，在垂直于传播方向上的振动方向是随机的，即在与传播方向垂直的平面上，可以向任一方向振动。但从整体效果看，在与传播方向垂直的平面内，其振动情况分布是均匀的，即在与整个传播方向垂直的平面内，都有相同的振动能量，这种光叫自然光。图 1-2 表示两个正交方向振动向前传播的光，图 1-3 表示有无数个振动方向、向前传播的光。

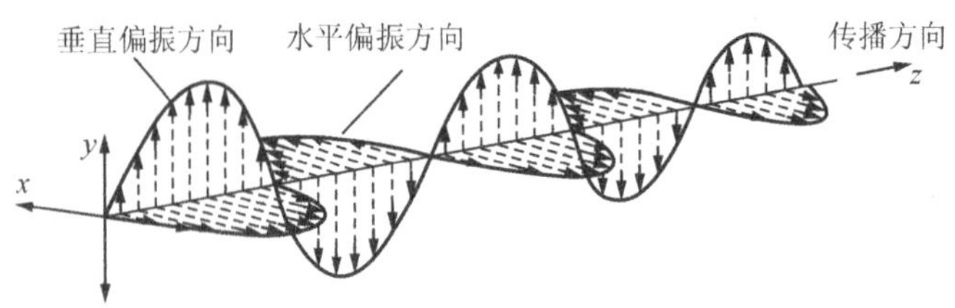

图 1-2　两个正交方向振动向前传播的光

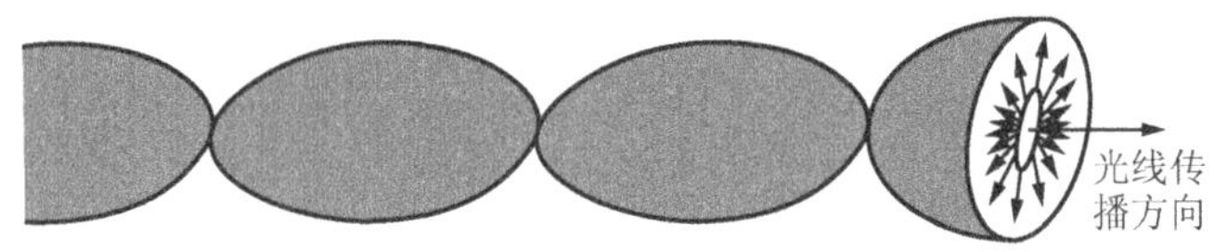

图 1-3　有无数个振动方向、向前传播的光

振动方向和光波前进方向构成的平面叫做振动面，振动面只限于某一固定方向的光叫做平面偏振光或线偏振光。

自然光经过偏振片滤光之后，可以成为偏振光，如图 1-4 所示。偏振片是用人工方法制成的薄膜，允许振动方向与其缝方向相同的光通过，此方向称为偏振化方向，而吸收与其垂直振动方向的光。因此自然光通过偏振片后，透射过去的光成为平面偏振光。理想情况下，透射光的强度为入射光强度的一半，即光的强度会衰减一半。

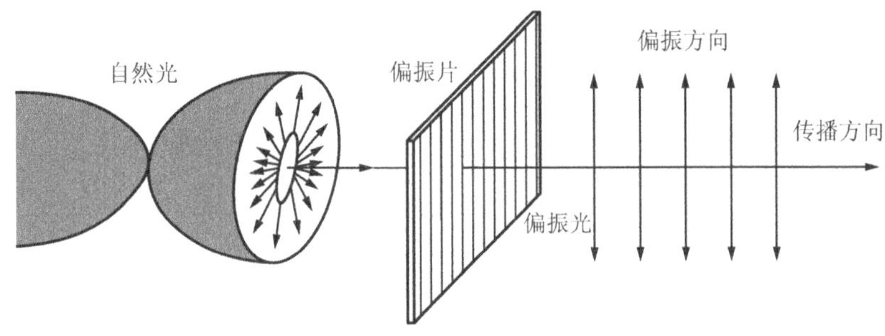

图 1-4　自然光变为偏振光

四、液晶分子的电光特性

液晶分子的电光特性，是指液晶分子对外加电场、光照所呈现出来的性质。液晶分子结构的特殊性使得液晶材料具有各向异性的基本性质，即在液晶材料的各个不同的方向（面）上具有不同的物理性质。

实验表明，就液晶材料的电学特性而言，液晶材料整体对外虽然是呈电中性的，但就单个液晶分子而言，其是一种极性分子，且分子内部电荷的分布是不均匀的，正负电荷的中心并不重合。对液晶材料制成的器件，分别沿长轴方向与短轴方向给其通电，其介电常数、电阻率等是不相同的。就液晶分子的光学特性而言，对液晶材料制成的器件，从液晶分子长轴方向和短轴方向施加光照，其通光情况是不同的，即其折射率等是不相同的。

1. 液晶分子对外加电场的反应

如果对液晶分子施加一个外部电场，液晶分子会有什么反应呢？

实验表明，液晶分子对外加电场会产生“重新排列的效应”。这是因为液晶分子是极性分子，液晶分子长轴方向的介电常数与短轴方向的介电常数是不同的，在外加电场的作用下，会产生类似同性相斥、异性相吸的现象，液晶分子的排列会重新发生变化，如图 1-5 所示。

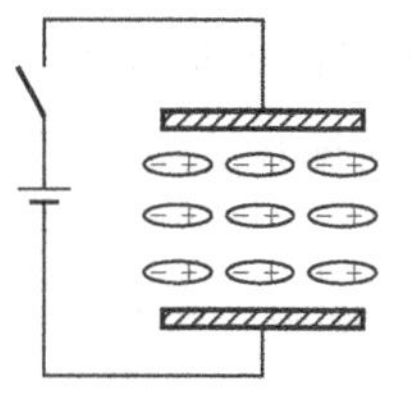

（a）未加外部电场时

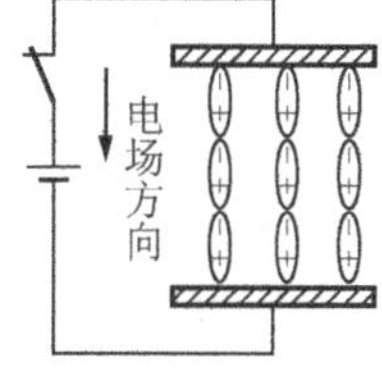

（b）加较强外部电场时

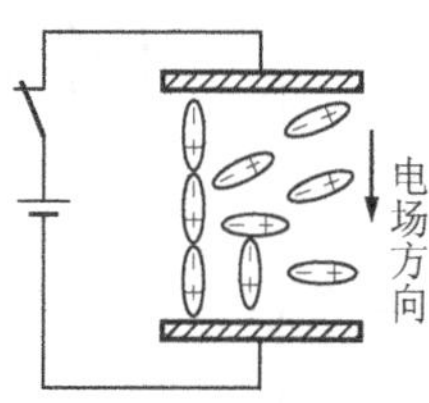

（c）加外部电场不够强时

图 1-5　液晶分子在外加电场作用下的排列

在图 1-5 中，图（a）表示未加外部电场时，液晶分子长轴的方向为水平方向；图（b）表示加较强的外部电场时，液晶分子长轴的方向为垂直方向，与外加电场方向平行；图（c）表示外加电场不够强时，液晶分子的排列情况会介于图（a）和图（b）之间。

2. 液晶分子对外加电场方向的反应

在上述情况中，如果改变外加电场的方向，使外加电场的方向与原来的方向相反，液晶分子的排列情况会做怎样的改变呢？

实验表明，由于液晶分子是极性分子，其长轴的排列方向还是与外加电场的方向相平行，只不过液晶分子的“头”与“尾”的位置会反过来，即与原来排列的方向相反。

如果对液晶分子施加交流电场，液晶分子就会不断地取向倒转排列。对于实用的液晶电视机的显示屏的相邻两帧间的同一个像素点，采用施加交流电的方法来驱动，就是为了防止液晶分子严重极化而失效。

3. 液晶分子对外加光照的反应

（1）液晶分子呈直线排列时对入射光的反应

如果液晶分子呈直线排列，用自然光照射时，光主要沿长轴方向传播；用偏振光照射时，光也主要沿长轴方向传播，且偏振方向不变。

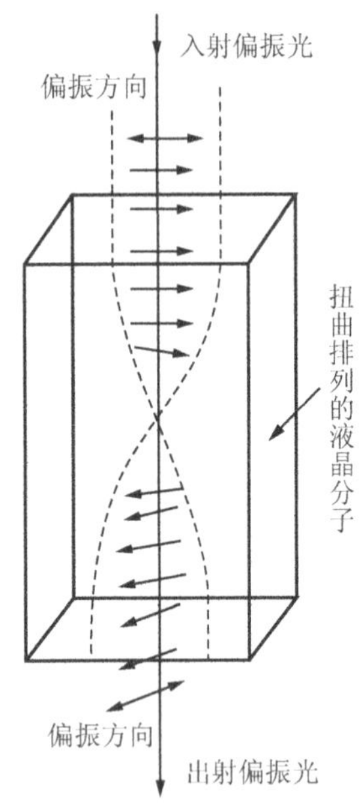

图 1-6 液晶分子扭转排列时偏振光出现的旋光效应

（2）液晶分子不呈直线排列时对入射光的反应

如果人为改变液晶分子的排列方式，使其成扭曲型方式排列，对入射光的反应情况又如何呢？研究发现，光还是沿液晶分子的长轴方向传播，不过光的偏振方向会沿着液晶分子的排列扭转一个角度，即产生所谓的旋光效应。对入射的自然光而言，因其偏振方向在与传播方向垂直的平面内，是均匀分布的，旋光后的出射光与入射光是区别不出来的。但对入射的偏振光而言，旋光后出射光的偏振方向与入射光的偏振方向是完全不同的，如图 1-6 所示。

如果在偏振光旋光后的出射光的位置处，再放置另一块偏振片，当偏振片的偏振化方向（缝的方向）与旋光后偏振光的振动方向相同时，偏振光就会透过第二块偏振片射出来；当第二块偏振片的偏振化方向与旋光后偏振光的振动方向正交时，偏振光就会无法透过偏振片，光就会被阻断，如图 1-7 所示。

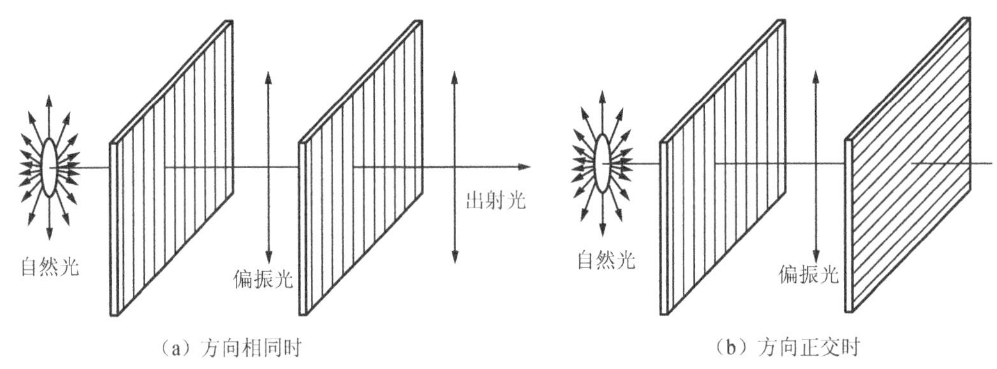

图 1-7 偏振光通过偏振片时的通光情况

因此，可以通过改变液晶分子的排列（扭曲或不扭曲），来改变（不改变）入射偏振光的偏振方向；或者通过改变前后两块偏振片的偏振化方向，实现对入射偏振光的控制，使其成为一个可控的光阀，如图 1-8 和图 1-9 所示，前后两块偏振片的偏振化方向为正交状态。但如果只用一块偏振片，即使经过液晶分子进行旋光，也不能对入射的自然光进行控制，这就是为什么液晶电视机的液晶显示屏中要加一对偏振片的原因。自然光入射侧的偏振片对入射的自然光起滤光作用，把自然光变为偏振光；出射侧的偏振片对出射的偏振光起控制作用。

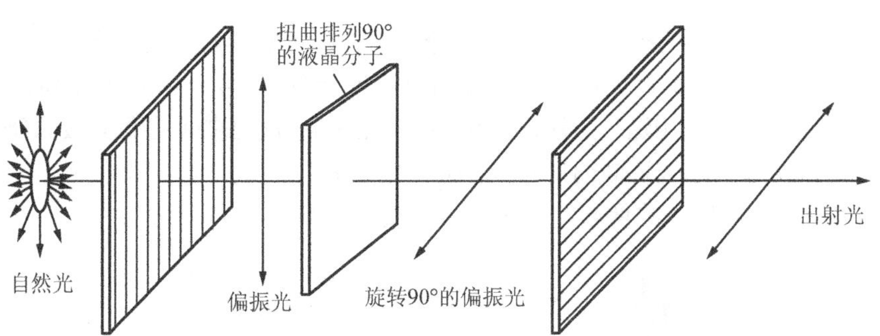

图 1-8　偏振光经过液晶分子 90° 旋光后可以从第二块偏振片射出来

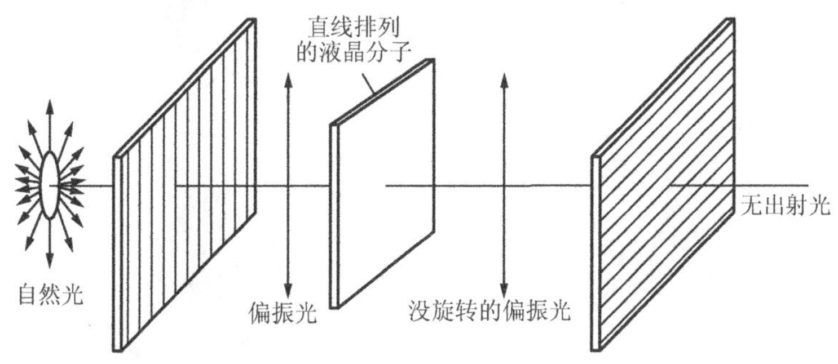

图 1-9　偏振光经过液晶分子未 90° 旋光时不能从第二块偏振片射出来

4. 液晶显示屏中如何控制液晶分子的旋光

实用的液晶显示屏中，前后两块偏振片在空间的位置是固定的，排列方法是不能改变的，而且其偏振化方向在空间是呈正交关系的，控制光的通断只能通过控制液晶分子的旋光效应来实现。

如何控制液晶分子的扭转以达到旋光的效果呢？应该同时满足液晶分子在空间的排列方法固定、施加电场这两个条件，才能实现这一要求。

通常，液晶屏中的像素点中的液晶分子，未受外部电场作用时，要按规定的取向排列法来排列，一般按如图 1-10 所示方法取向排列。

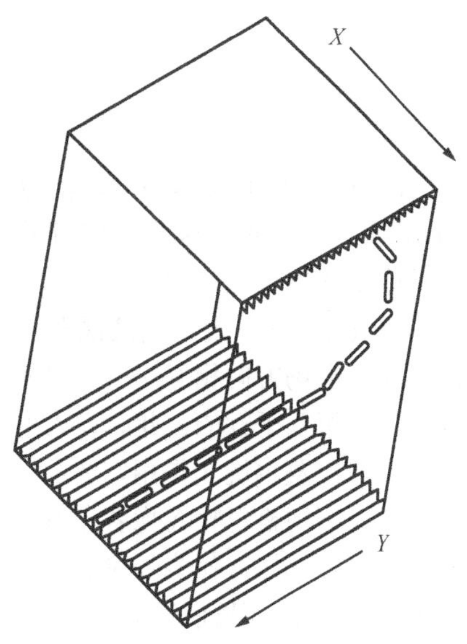

图 1-10　液晶像素点未加外部电场时液晶分子的取向排列情况

图中表示，液晶分子被包含在上下两个内表面为槽状的液晶小盒中间（即像素点），上下两个内表面的槽的方向是互相垂直的，则液晶分子长轴的排列为：上表面的液晶分子沿着 X 轴方向排列；下表面的液晶分子长轴沿着 Y 轴方向排列。在自然状态下，介于上下表面中间的分子会产生旋转排列的效应，与一小段麻绳的结构相似，即各液晶分子长轴在两槽状表面间会产生 90° 的旋转；若给它施加一个外加电场，如前所述，液晶分子就会重新排列，长轴的排列方向将与外加电场方向相互平行。利用这一方法，用各个像素点的电信号去控制各像素液晶分子的扭转排列情况，从而实现控制光通断的目的，进而出现图像。

对于实用的液晶屏中的像素，控制光通断的情况如图 1-11 所示。

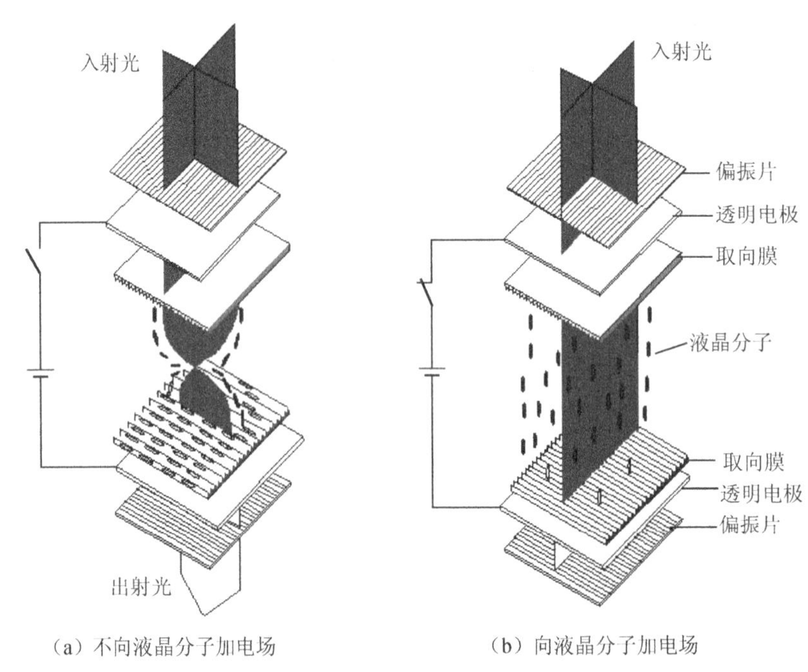

（a）不向液晶分子加电场　　（b）向液晶分子加电场

图 1-11　液晶分子的旋光原理

图 1-11（a）表示不向液晶分子加电场的情况，因液晶分子的长轴方向是连续扭转 90° 排列的，入射的偏振光将顺着液晶分子长轴方向连续扭转 90° 传播，光到达下偏振片时可以从下偏振片中穿出来。

图 1-11（b）表示向液晶分子加电场的情况，在外加电场的作用下，液晶分子的长轴方向与电场方向相互平行，且不论向液晶分子加正向还是反向电场，长轴方向与电场方向总是相互平行的。此时，入射的偏振光顺着液晶分子长轴的方向，平行于长轴方向传播，不会发生旋光作用，光到达下偏振片时无法从下偏振片中穿出来。

液晶电视机每帧图像各个像素的数字信号在时序驱动电路中经 D-A 转换后，转变为模拟信号电压，作为控制各个液晶像素的电压，该电压加在上下两个透明电极之间，产生控制电场，从而改变液晶分子透光的强弱，产生图像。

5. 液晶分子的电光特性曲线

（1）液晶分子的电光特性曲线

液晶分子的透光率随外加电压的变化情况用一条曲线来表示，称为液晶分子的电光特性曲线。即给液晶分子施加电压时，液晶分子将重新排列，当所加电压不同时，液晶分子长轴的排列方向与电场方向的夹角就会不同，透过光的强弱也就不同，这种情况可以用一条曲线来表示，如图 1-12 所示。

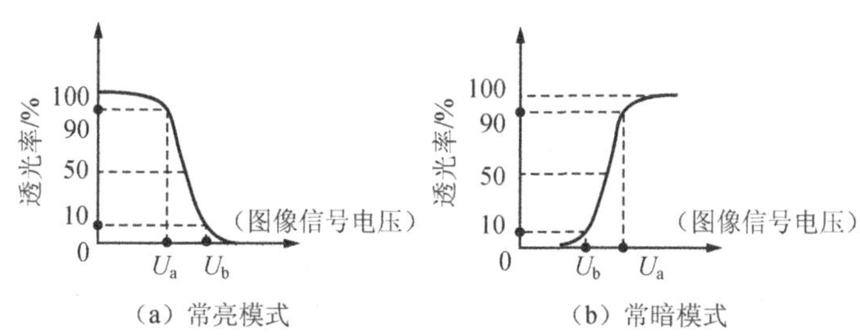

图 1-12　液晶分子的电光特性曲线图

（2）常亮模式与常暗模式

图 1-12（a）为常亮模式，图 1-12（b）为常暗模式。U_a为饱和电压，U_b为截止电压。无外加电场时透光最大，有外加电场时透光减弱，这种工作模式称为常亮模式，反之称为常暗模式。

若两偏振片的偏光方向改为相互平行，则透光、遮光情况会相反，常亮与常暗模式会互换过来。

（3）像素点亮暗的控制方法

图 1-12（a）所示的常亮模式中，当外加电压下降到饱和电压 U_a后，液晶透光情况开始减弱；当外加电压为截止电压 U_b 后，透过的光强接近为零。在饱和电压与截止电压之间，有一个线性变化范围，在这一范围改变电压值时，就可显示不同的灰度。实际的液晶电视机，液晶屏中各个像素点所加的电压就是相应像素点的图像电压，透光情况随像素点电压大小而变化，即可达到正常图像亮暗的显示。

任务实施

一、实习器材准备

废旧的液晶显示器件，如废旧的电子手表、电脑显示器和液晶电视机等常用的工具。

二、液晶显示材料认识专题训练

1. 液晶显示器件拆卸专题训练

小心拆卸废旧液晶显示器件。研究显示器件的组成结构，以及电路的连接情况。建议对电子手表、电脑显示屏都要进行拆卸。

2. 认识液晶显示材料

小心敲开显示板，研究液晶材料，研究其颜色、流动性和对光的反应等情况。

三、知识拓展

通过上网，查找与下载下列资料内容。

1. 光的特性

光的特性包括光的波动性、粒子性、自然光与偏振光、偏振光的种类、偏振光的特性等方面的内容。

2. 液晶材料

液晶材料包括常见的液晶材料、液晶分子的种类、物理性质、化学性质、光学性质和电学性质等方面的内容。

项目二　彩色液晶屏

【教学目标】

掌握彩色液晶屏的组成结构及各个组成部分的作用。

【工作任务】

1）掌握彩色液晶屏的组成结构。
2）掌握彩色液晶屏的各个组成部分的作用。

相关知识

液晶电视机的组成，除主电路板外，彩色液晶屏是其另外一个重要的组成部件。彩色液晶屏的组成结构与CRT电视机的显像管的组成结构是完全不相同的。

一、彩色液晶屏的结构

彩色液晶屏又叫液晶模组屏，一般由时序驱动电路板、液晶板和光学系统三部分构成，其组成结构图如图 2-1 所示，图中未画出时序驱动电路板。

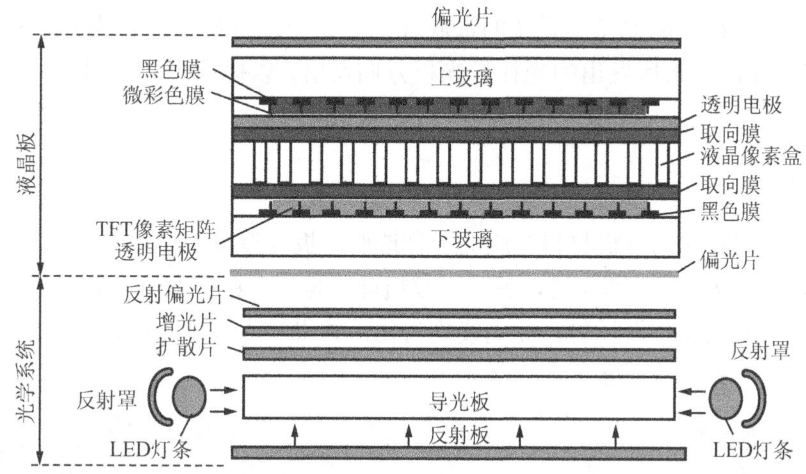

图 2-1　彩色液晶屏的构造

二、光学系统

彩色液晶屏的光学系统主要由 LED 灯条、灯条反射罩、反射板、导光板、扩散片、增光片和反射偏光片等部分组成，其作用是产生强度足够、均匀的白光射向液晶板，作为液晶板的背光源，各部分的作用如下。

1. LED 灯条

早期的液晶电视机采用不需要预热的冷阴极荧光灯，这种灯光色较好，但驱动电路复杂，且灯管容易损坏。随着 LED 照明技术的成熟，现在的液晶电视机普遍采用 LED 灯条作为光源。平板电脑、屏幕较小的液晶电视机，只在屏幕的下侧边上安装一条 LED 灯条，屏幕较大的液晶电视机，在屏幕的上下两边或屏幕四周的边上安装 LED 灯条，以满足亮度的要求，如图 2-2 所示。灯条损坏之后，可以拆卸下来，更换新的灯条。

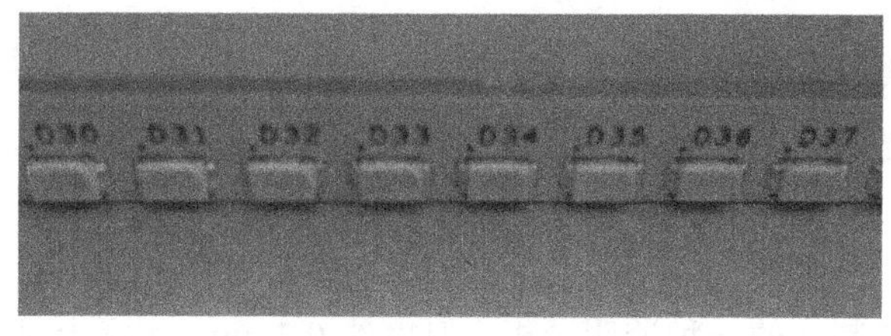

（a）LED 灯条

（b）LED 灯条的安装位置

图 2-2　LED 灯条及其安装位置

2. 反射板

反射板安装在液晶屏光学系统的最底部，是一个由有机材料制成的平面反射镜，其作用是把 LED 灯条所发出的光往导光板方向反射，以提高光的利用率。安装位置如图 2-3 所示。

3. 导光板

导光板是用特殊的有机材料制成的一种透明薄板，厚度约 2mm，呈长方形，结构如图 2-4 所示。导光板一面光滑，另一面较粗糙，是一个粗糙度较大的漫反射镜。导光板的作用是使光线发生漫反射，让光线均匀化，并引导光线进入散射板（扩散片），以提高光的利用率和屏幕亮度。

图 2-3　反射板的安装位置

图 2-4　导光板

4. 散射板

散射板又称扩散片，是用特殊的有机材料制成的一种透明薄板，厚度约 0.2mm，一个面光滑，另一个面较粗糙，是一个粗糙度较小的漫反射镜，其作用是让进入的光线再次产生漫反射，使光的分布更加均匀化。

5. 增光片

增光片也是用特殊的有机材料制成的一种透明薄板，厚度约 0.2mm，实际上是一个很薄的凸透镜，使漫反射之后的入射光成为平行光，再射向反射偏光片与液晶板。

6. 反射偏光片

反射偏光片也是用特殊的有机材料制成的一种透明薄板，厚度约 0.2mm，实际上是一块偏光片，其作用是把液晶板逆反射回来的光，通过偏光作用，再反射回液晶板中，以提高光的利用率。

三、液晶板

液晶板一般与驱动电路板连在一起，成为一个不可再分解拆卸的整体，液晶板如果损坏，只能与驱动电路板一起整体更换，如图 2-5 所示。

图 2-5　液晶板与驱动电路板

液晶板由一对偏光片、上下玻璃板、一对透明电极、一对取向膜和液晶材料等组成，如图 2-1 所示，各部分作用如下。

1. 偏光片

偏光片又称偏振片，上下各一块，紧贴在上下玻璃板的表面。下偏光片的作用是将光学系统入射的自然光过滤，变成偏振光；上偏光片的作用是根据液晶分子的扭转情况，配合下偏光片，控制偏振光的通过，使各个像素点出现图像。上、下两块偏光片的偏光方向在空间呈正交关系，与各像素点的液晶体构成光阀，控制各像素光的通过。

2. 玻璃板

玻璃板分为上玻璃板和下玻璃板。上玻璃的作用之一是作为封装液晶材料的盒子，另一作用是在其下表面蒸镀微彩色膜、黑色膜与透明电极。下玻璃板的厚度约 1mm，作用之一是作为封装液晶材料的盒子，另一作用是在其上表面蒸镀有一层透明的导电层，这一导电层又被分割成许多互相绝缘的小块，每一小块对应一个子像素点，在每一小块上用光刻加工的方法，制成透明的像素图形（场效应管的电极）及外引线图形，外引线通过导电薄膜带与外部的驱动电路进行连接。

3. 透明电极

透明电极由透明的导电材料蒸镀而成。每个子像素点都有一个各自独立的透明电极，每个 TFT 透明电极构成一个场效应管，其栅极加行驱动脉冲信号，其源极加该像素点的图像电压（模拟电压值），场效应管导通后，该像素点的图像电压即从漏极输出，与公共电极之间形成一个像素点电场，控制该像素点液晶分子的扭转，形成明暗的像素点。

上透明电极以整体形式作为公共电极，各个子像素点的 TFT 电极虽然是分开的，但公共电极则供各个像素点共用。

4. 取向膜

取向膜又称定向层，上下各一块，其槽齿的排列（取向）方向呈正交排列，使液晶分子在液晶盒内的上下两块玻璃板表面上都沿表面平行排列，但在上、下两块玻璃板之间，液晶分子又呈 90° 扭转排列。

5. 微彩色膜

微彩色膜紧贴在各小块公共电极表面上，通过蒸镀工艺加工而成，对穿过各子像素液晶体的白色偏振光进行过滤，使之成为基色光。微彩色膜为红色时，取出的是 R 色的光（该像素点所加的电压为该像素点 R 信号电压），该像素点即呈红色。G、B 基色像素点的产生方法一样。R、G、B 三个基色子像素单元构成为一个彩色像素。

6. 黑色膜

黑色膜是在各个分割的透明公共电极之间、在各个 TFT 透明电极之间蒸镀上的一层黑色的吸光材料，其作用是吸收散射光，提高对比度，类似 CRT 显像管的黑底技术。

四、使用彩色液晶屏的注意事项

液晶屏是液晶电视机关键的部件，价格高，使用不当极易损坏，使用时应注意以下几个方面。

1）保持表面清洁。接触液晶屏表面时，最好戴橡胶手套，表面有灰尘时，要用柔软且不带静电的布轻抹。

2）不要用力按压液晶面板的表面，否则会损坏偏光片等器件，使液晶屏永久损坏。

3）液晶屏只可在通常室温下使用，在温度过高或过低的情况下（尤其是 0℃以下）使用会大大缩短液晶屏的使用寿命。不可让阳光对其进行照射。

4）注意防水。水会导致短路，烧坏液晶屏的驱动电路。

5）远离腐蚀性气体。腐蚀性气体会导致光学系统损坏。

任务实施

一、实习器材准备

废旧的液晶显示屏，如废旧的电脑显示屏和液晶电视显示屏等常用的工具。

二、液晶显示屏认识专题训练

1. 液晶显示屏光学系统拆卸专题训练

小心拆卸废旧液晶显示屏的光学系统。研究光学系统的组成结构，重点研究反射板、导光板、扩散片、增光片和反射偏光片等部分的结构，包括区分不同的片、片的正反面和防止漏光等方面的内容。

2. 研究液晶显示板

小心敲开液晶显示板，研究液晶板的组成结构，研究液晶材料的颜色、流动性、对光的反应情况。

三、知识拓展

通过上网，查找与下载下列资料内容。

1. 液晶显示屏的结构

液晶显示屏的结构包括组成液晶显示屏的驱动电路、光学系统和液晶板等方面的内容。

2. 液晶显示屏光学系统各个部分的作用

液晶显示屏光学系统各个部分的作用包括反射板、导光板、扩散片、增光片和反射偏光片等部分的结构、作用、材料和正反面的区分方法等内容。

项目三　液晶屏的显像原理

【教学目标】

掌握彩色液晶屏显像原理的知识。

【工作任务】

1）掌握彩色液晶屏像素的组成结构。
2）掌握彩色液晶屏的显像原理。

相关知识

液晶显示屏的结构与 CRT 电视显像管的结构是完全不同的，显像原理也是不相同的。但就一个彩色像素的显像原理而言，其依据的原理还是三基色原理。

从液晶显示屏的结构可见，液晶屏显示彩色像素点的原理是：用每一个彩色像素点的 R、G、B 三基色电信号，分别去控制三个小液晶像素点（子像素）液晶分子的通光（白光）情况，再分别经过 R、G、B 彩色滤色膜进行滤光，让三基色光在空间相加，通过空间混色法出现彩色像点。

一、一个子像素点的显像原理

液晶显示屏各个子像素点的显示是由薄膜场效应晶体管来完成的，如图 3-1 所示。

1. 薄膜场效应晶体管的作用

薄膜场效应晶体管有源极 S、栅极 G、漏极 D 三个电极，其栅极 G 加入一高电平脉冲时（称为被扫描选通），场效应晶体管就会导通，源极 S 信号电压，即图像信号电压，就会通过场效应晶体管的漏极 D 输出，加到透明电极上。公共电极是各个子像素点共用的电极，一般是接地的，在透明电极与公共电极之间，就出现了一个电场。液晶分子就会在这个电场的作用下重新排列，从而控制偏振光的通光量，液晶分子在场效应晶体管电场的控制下，成为一个光阀，出现一个明暗的像点，如图 3-1 所示。

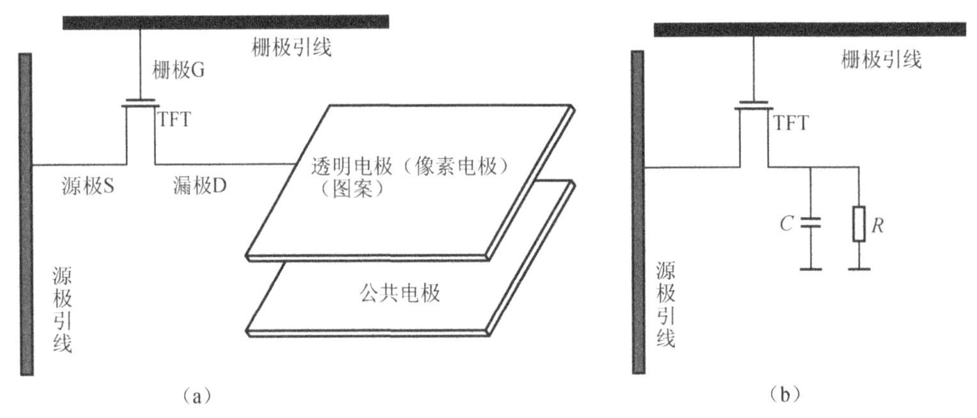

图 3-1　薄膜场效应晶体管

图 3-1（a）中，场效应晶体管导通后，在透明电极与公共电极之间出现一个电场，两个电极之间夹着液晶材料，其等效电路如图 3-1（b）所示，其中 C 是透明电极与公共电极之间总的等效电容，总容量约为 0.5pF，R 为等效负载电阻。

2. 显示一个黑白子像素的组成结构

在液晶显示屏中显示一个黑白子像素的组成结构，如图 3-2 所示。

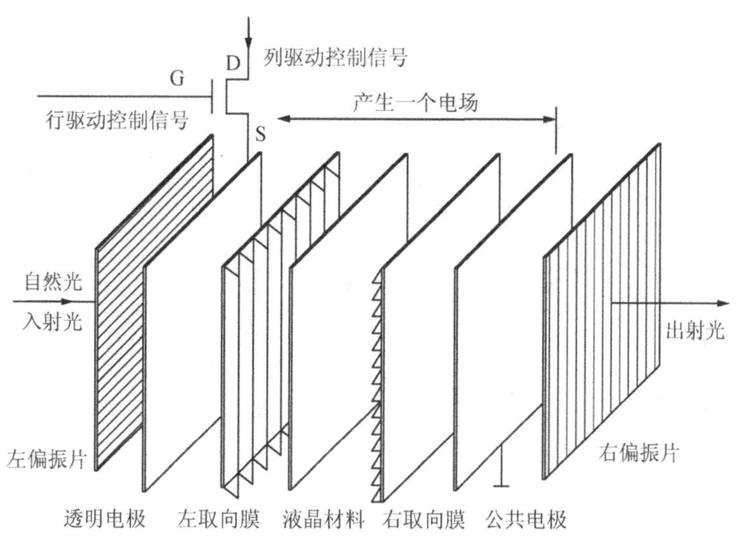

图 3-2　一个黑白子像素的组成结构

由图 3-2 可见，显示一个黑白子像素的组成结构，主要由左右偏振片、一对电极、左右取向膜及液晶材料构成。

背光系统照射过来的自然光，经左偏振片变为偏振光，左右取向膜上的槽是相互垂直的，其作用是强迫液晶分子的长轴产生 90° 的连续扭转状态；右偏振片的作用是只让入射的并产生 90° 扭转的偏振光出来；透明电极与公共电极的作用是在行驱动信号电压、列驱动信号电压的作用下，在液晶分子间产生一个电场，控制液晶分子的通光情况，出现明暗灰度不同的像素。

二、一个彩色像素的显像原理

1. 一个基色像素的显像原理

一个像素要出现彩色效果，根据三基色原理，就应该让红、绿、蓝三基色光按一定比例相加。

如何产生一个像素的三基色光呢？可以用一个彩色像素的三个电信号之一，如 R 基色电信号去控制一个薄膜场效应晶体管，即控制其液晶分子是否通光及通光多少，通过的光虽然是白光，但当这束白光经红色滤光片滤光后，就会出现该彩色像素的红基色光。如图 3-3 所示，表示用一个像素的红基色信号去控制场效应晶体管的通光情况，再用红滤色膜进行滤光，产生红基色像素点的情况。

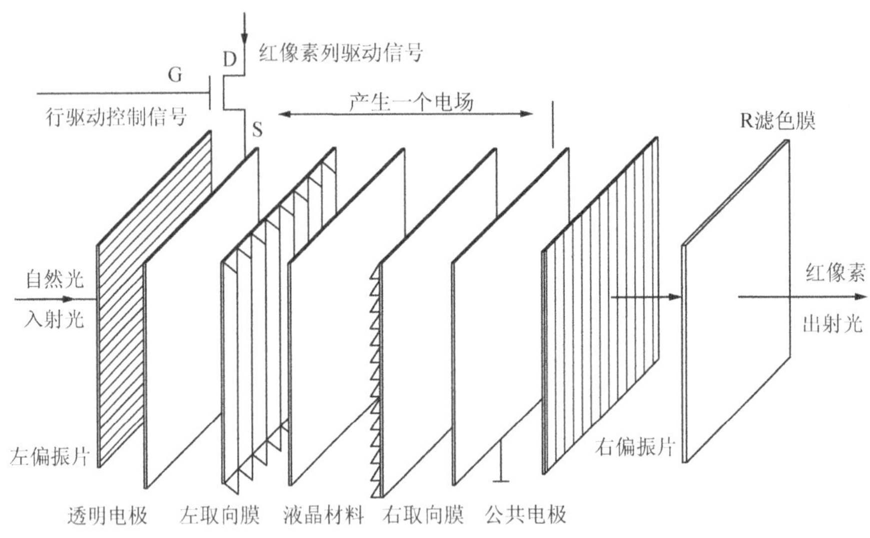

图 3-3　红基色像素的产生方法

2. 一个彩色像素的显像原理

如果用一个彩色像素的三个基色的电信号，分别去控制三个场效应晶体管的导通情况，所通过的光分别经过 R、G、B 滤光片滤光后，再令其在空间相加混合，就会出现一个彩色像素，不同比例的三基色光相加混合，就可产生成千上万种彩色。即每一个彩色像素点都是由 R、G、B 三个子像素构成的，一个分辨率为 768 行、1024 列的显示屏，共可显示 768×1024=786 432 个彩色像素，而每个彩色像素点又由 R、G、B 三个子像素构成的，这样共有 786 432×3=2 359 296 个子像素，共要 2 359 296 个场效应晶体管来驱动。

3. 一个彩色像素电极的连接方法

在彩色液晶显示屏中，一个彩色像素电极的排列结构如图 3-4 所示。每一个彩色像素的 R、G、B 三个子像素，在空间上呈水平排列，三个子像素的栅极是连在一起的，同时导通或同时截止，而一个彩色像素的 R、G、B 三个基色信号是分别加在三个场效应晶体管的源极上的，构成一个彩色像素电极的空间排列。

4. 彩色液晶显示屏中各个彩色子像素电极的连接方法

在彩色液晶显示屏中，各个彩色像素的子像素的电极的连接方法是：同一行上的各个子像素的栅极是连在一起的；同一列上各个子像素的源极是连在一起的，如图 3-5 和图 3-7 所示。图 3-5 中，表示两行、三列子像素的连接情况，图 3-7 表示 *n* 行、*m* 列的连接情况。

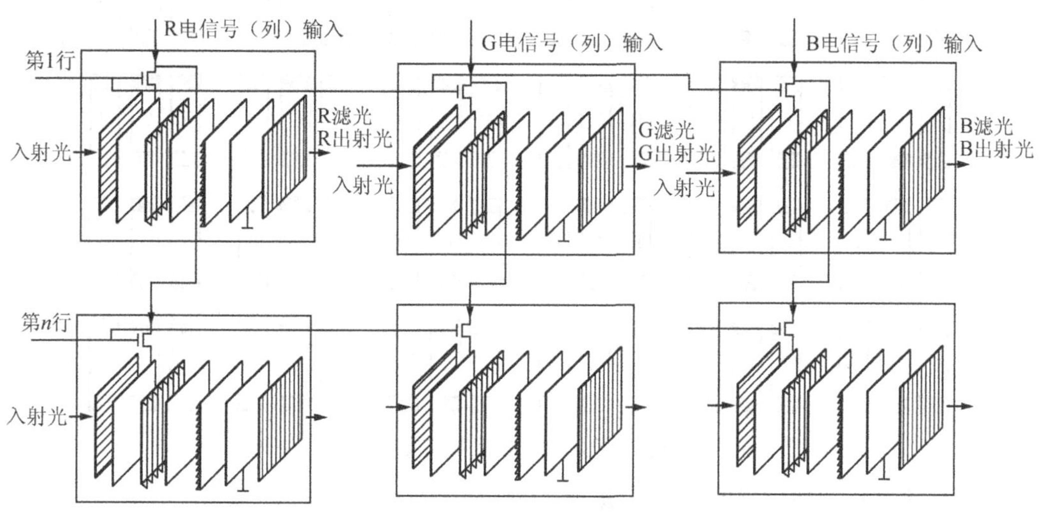

图 3-4　一个彩色像素电极的连接方法

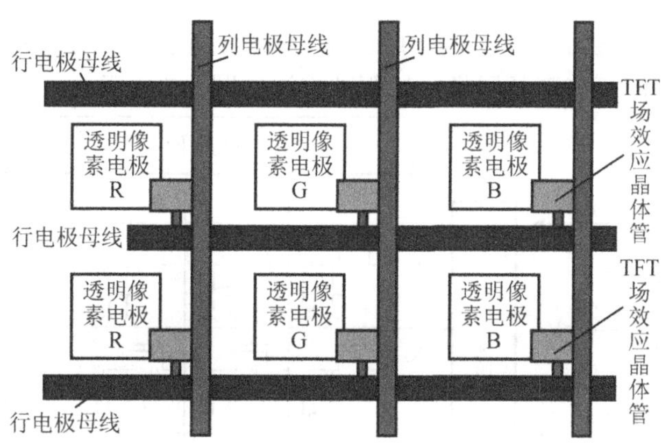

图 3-5　彩色像素的电极排列图

由图 3-5 可见，同一行上各像素的栅极是相连在一起的，一般用行电极母线来表示；同一列上各像素的源极是相连在一起的，一般用列电极母线来表示；各像素的漏极则是互相独立的，用透明像素电极来表示。

三、液晶显示屏中 R、G、B 三基色像素在空间的排布规律

一台液晶彩色电视机的液晶显示屏的有源矩阵 R、G、B 三基色像素在空间的排布如图 3-6 所示。

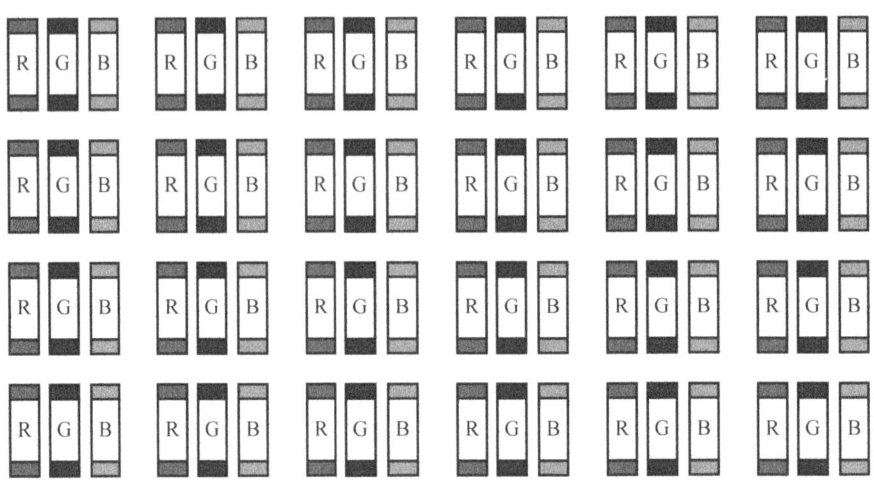

图 3-6 液晶显示屏 R、G、B 三基色像素在空间的排布

四、液晶电视机图像像素的驱动方法

1. 液晶像素的驱动

在液晶分子的两透明电极之间施加电场，以改变液晶分子对光的透射率，称为对液晶像素的驱动。有源矩阵液晶屏像素的驱动方法如图 3-7 所示。

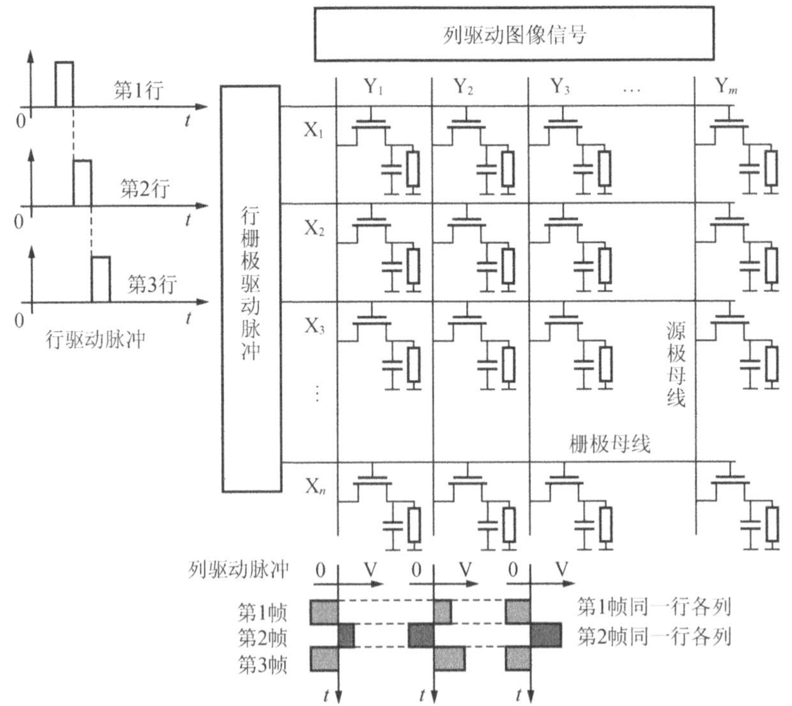

图 3-7 液晶屏像素的驱动原理图

2. 液晶像素的驱动原理

液晶像素驱动的工作原理是：在各行 X_1，X_2，…，X_n 的栅极母线上按时序依次加入一正高电平脉冲（相当于行扫描），由于一行内各像素的栅极是连在一起的，当某一行高电平到来时，该行各像素全部都被选通；此时，若 Y_1，Y_2，…，Y_m 某列的源极母线上有信号电压输入，该列也全部被选通。这样，在被选通的行、列电极交叉点上的子像素就被选通。被选通的子像素电极的场效应晶体管的漏极与公共电极之间就产生电场，该子像素的通光情况就被控制，从而产生图像效果。

应当注意的是，就一行的像素而言，每一行像素，每帧图像只被选通一次，每一行像素被选通之后，该行各列的电信号是同时加上去的，这样一行的图像就出现了。就每一列的像素而言，每一列像素则每行都要被选通一次，只有这样，才能出现一帧图像。

3. 行列驱动脉冲信号的极性问题

由图 3-7 可知，行、列驱动脉冲信号的极性是不同的。行驱动脉冲信号的极性是单极性的高电平脉冲，一行一行按时序依次加入，对一行的像素起选通作用。列驱动脉冲信号不是单极性的。同一帧的图像，相邻各列的同一行的像素的驱动脉冲的极性是相反的，如 Y_1、Y_2 列的驱动脉冲的极性就是相反的。如果第 1 帧图像的第一列（Y_1）的各像素，即 X_1，X_2，X_3，…，X_n 各行的第一个像素，都用负脉冲来驱动，则在驱动第 2 帧图像时，第一列（Y_1）的各像素，即 X_1，X_2，X_3，…，X_n 各行的第一个像素，都要用正脉冲来驱动，即列驱动信号采用正、负脉冲（交流）来进行驱动。

液晶像素的列驱动，为什么要采用这种方法呢？这是因为液晶分子是极性分子，如果一直处在单一极性电场的作用之下，液晶分子会发生电解反应，最后会失去旋光作用，液晶屏就再也无法使用了。为了防止出现这种情况，就应该采用交流驱动法，让同一个像素在第 1 帧与第 2 帧时，即相邻两帧的驱动电压的极性相反，这样不断地倒相变化，就能让液晶分子正常工作。

4. 液晶电视机改变图像（像素）对比度的方法

由主电路板送往彩色液晶显示屏驱动电路中的信号是数字信号，数字信号经 D-A 转换，转换成模拟电压的大小，同一个像素的 R、G、B 模拟电压分别加到同一个像素的 R、G、B 三个驱动电极上，作为外加电场的电压。

当调整电视机的对比度时，R、G、B 三基色信号的幅度就会不同，加在 R、G、B 驱动电极上的脉冲幅度的大小也会不同，液晶分子的外加电场大小与液晶分子的通光情况就会被改变，从而实现图像对比度的调节。液晶分子的电光特性曲线如图 1-12 所示，外加电压在饱和电压 U_a 与截止电压 U_b 之间变化时，其光电变化关系是线性关系，对比度调节就在这个范围内进行。

五、常见故障

液晶屏的驱动电路损坏之后，会出现干扰亮线或亮带、白屏（全屏白）、花屏（杂乱的斑纹）和黑屏（无光栅）等故障。

图 3-8 所示为液晶屏右上角的屏与驱动电路板的连接排线开路后出现的故障现象。图（a）为故障机开机后不收台时的情况，屏幕右边出现一条竖直的亮带，图（b）为正常机接收彩条时的图像，图（c）为故障机接收彩条时的图像，屏幕右边的竖直亮带一直存在。

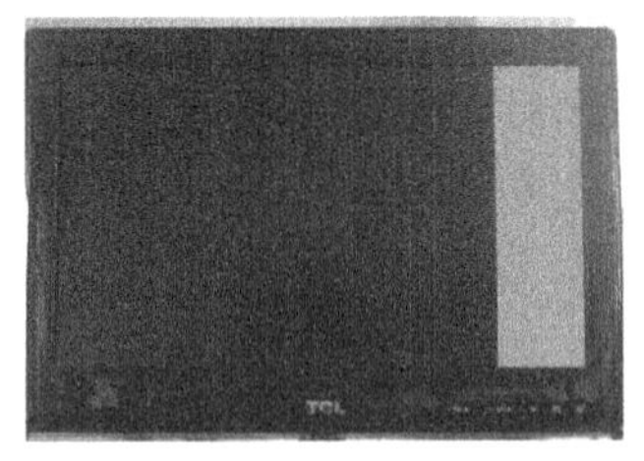

（a）故障机不接收图像时的光栅

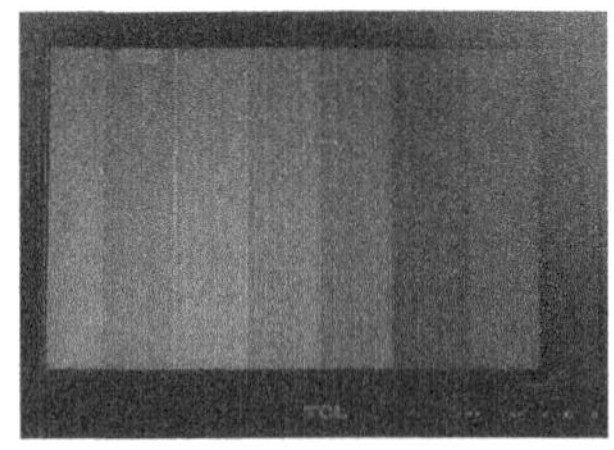

（b）正常机的彩条图像

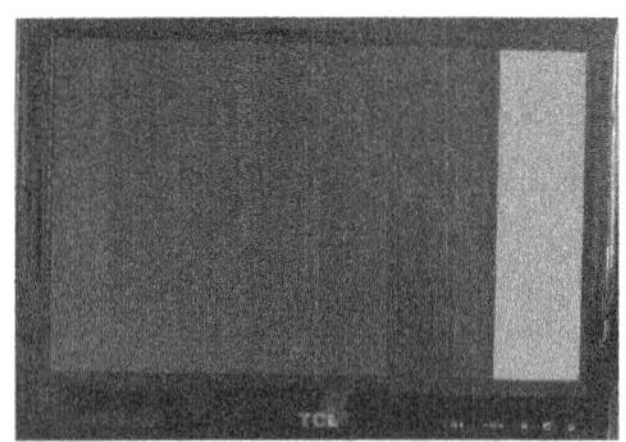

（c）故障机的彩条图像

图 3-8　液晶屏出现的亮带故障

任务实施

一、实习器材准备

废旧的液晶显示屏，如废旧的电脑显示屏和液晶电视显示屏等常用的工具。

二、液晶显示屏认识专题训练

研究液晶板与驱动电路的连接。小心拆卸液晶显示屏，研究液晶板与驱动电路的连接情况，包括行驱动信号、列驱动信号是如何进行连接的和行驱动与列驱动电路的数量（即像素）。

三、知识拓展

通过上网，查找与下载下列资料内容。

1. 驱动电路板的组成结构

驱动电路板的组成结构包括驱动电路板的组成、各部分电路的作用和有关的电参数等。

2. 液晶驱动电路板的工作原理

第二篇　液晶电视机拆装维修技能训练

在液晶电视机的生产、维修过程中，都要注意相关的安全问题，同时还应按照规范的工艺要求来进行维修。本篇介绍液晶电视机电磁的安全问题、整机电路组成、整机结构拆装和画质检测等方面的内容。

通过本篇内容的学习，系统掌握在液晶电视机生产与维修过程中的安全问题、工艺要求的知识与技能，以及整机的电路组成、整机的结构组成、整机的拆装和图像质量（画质）检测的知识与技能。

项目四　液晶电视机电磁的安全问题

【教学目标】

1）掌握液晶电视机装接的安全知识。
2）掌握防静电工具的使用方法。
3）掌握防电磁辐射干扰的工艺。

【工作任务】

1）对防静电工具的使用进行训练。
2）对液晶电视机防电磁辐射的措施进行分析与研究。

相关知识

液晶电视机电磁的安全问题，主要是指在装接（生产）液晶电视机的过程中，不能因为电磁原因，人为损坏液晶电视机的元器件，不能对装接者的人身安全产生伤害，电器设备之间或电视机内部各电路之间的工作不能互相影响。这里重点介绍防静电的安全问题与防电磁干扰的安全问题。

一、防静电的安全问题

1. 静电的概念

物体间的静电是看不见摸不着的，但静电却时刻存在我们的周围。

由于物体之间相互接触与摩擦，物质中的电荷（主要是电子）会在物体间发生转移，有的物体带正电荷多，有的物体带负电荷多，或同一个物体一端带正电荷多，另一端带负电荷多，形成同种电荷的积累，在不同物体之间形成电位差而又处于相对静止状态，这种相对静止状态的电荷称为静电。

2. 物体间的静电

物体之间相互摩擦很容易产生静电。固体、液体和气体物质之间相互接触并有相对运动时，都易产生静电，周围环境越干燥，越易产生静电。

物体之间相互感应也易产生静电。当带电物体靠近不带电物体时，会在不带电的导体的两端分别感应出负电荷和正电荷，从而产生静电。

人体是导体，人体与物体之间相互接触并有相对运动时，很容易产生静电。梳头时，头发会经常飘起来，越梳越乱；晚上脱衣服时，黑暗中常听到噼啪的声响，而且还会出现放电的蓝光；握手时，有时会突然感到手指尖有刺痛感。这就是人体产生的静电对外放电的结果。

3. 半导体器件对静电都很敏感

冬天穿或脱衣服时，会看到静电放电现象，这种放电电压约在2000V以上，因放电电流很小，人体对此无多大的感觉。然而，这个电压值却可以损坏各种半导体器件。所以在操作半导体器件时，都应采取防静电的措施。

4. 防静电的措施

在生产与维修液晶电视机的过程中，要防止因静电损坏各种元器件，为此应采取以下措施。

（1）操作者要使用防静电工具才能进行操作

使用防静电工具来防静电是最常用且最有效的方法。常用的防静电工具主要有防静电手套、防静电衣服、防静电帽、防静电手环、防静电手镯、防静电拖鞋和防静电座垫等。一般的手套、拖鞋、衣服和帽子等是没有防静电作用的。

防静电手套、防静电衣服及防静电帽防静电的工作原理：用来制作防静电手套、衣服与帽子的布与一般的布是不同的，这种布里含有大量极细的金属丝，一块布相当于一块金属网罩。穿上后，对人体进行静电屏蔽，防止靠近带电体后人体因静电感应而带电（防止人体产生静电）。防静电手环、防静电手镯防静电的工作原理：人体产生的静电通过手环、手镯与人体所接触的金属片，经过内部串联的电阻（1MΩ）限流后，再通过鳄鱼夹连接线对防静电地线进行放电，把静电泄放掉。防静电拖鞋、座椅防静电的原理：人体产生的静电，经过防静电拖鞋与座椅的金属体与地面相通，把静电泄放掉。

穿防静电衣帽的要求：不要在防静电工作服的口袋里装任何金属物件；不要在易燃易爆的地方穿防静电工作服；防静电衣帽的金属丝断开外露过多时，不可再用。常见的防静电衣帽、鞋与手套如图4-1所示。

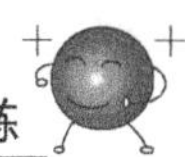

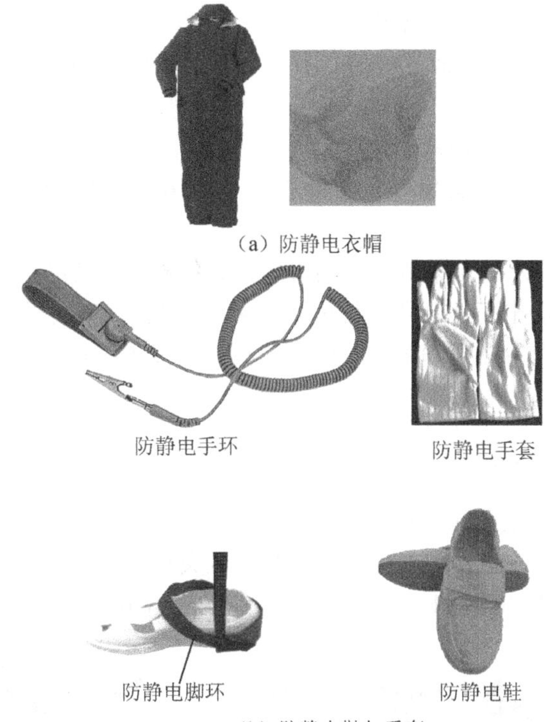

图 4-1 防静电衣帽、鞋与手套

戴防静电手环的要求：防静电手环应戴在不影响操作的手上，其金属接触片应与手腕紧密接触，连接线带插头的一端与手环的插孔相连，连接线另一端的鳄鱼夹与工作台上的防静电接地线相连。常见的防静电手环如图 4-2（a）所示。

戴防静电手镯的要求：戴手镯时，将手伸进防静电手镯内，拉紧锁扣，确认防静电手镯与皮肤接触良好，连接好防静电手镯的接地线，连接方法与防静电手环的连接方法相同。常见的防静电手镯如图 4-2（b）所示。

（a）防静电手环　　（b）防静电手镯

图 4-2 防静电手环与防静电手镯

防静电手环与防静电手镯都要经常检测其好坏。检测方法是，万用表用×10kΩ挡，测手环（手镯）金属接触片与鳄鱼夹之间的电阻值，阻值大于 1MΩ才可使用。

（2）使用专用的防静电容器来放置

储存、运输 IC 等静电敏感器件时，要使用防静电的容器来放置，如专用的防静电胶带、料盆等。

（3）正确使用防静电接地线

生产线上或工作台上应安装防静电接地线。防静电接地线与电气设备的强电保护接地线不可共用。

流水线传送带、流水线基体等应与防静电接地线相连。防静电工作台体应与防静电接地线相连。多个防静电工作台体使用的防静电接地线只能并联使用，不可串联使用。

所有仪器外壳、设备外壳和烙铁外壳等应与强电保护接地线相连，不能与防静电接地线相连。

5. 常用的防静电标志

在一些电子产品、电子元器件（如 DVD 激光头、各种 IC）的包装盒上，常会看到如图 4-3 所示的标志，这就是防静电标志。凡有这类标志的电子产品或电子元器件，表示在储存、运输、装接和搬动时，都要采取防静电的措施。

图 4-3　防静电标志

二、防电磁干扰的安全问题

1. 电磁干扰

不少电子产品其内部电路的工作频率都较高，有的电子产品还含有高频振荡电路，很容易通过线路或空间辐射的方式把信号传输出去，对其他电子产品或同一台电子产品内部的其他电路产生干扰，这种干扰称为电磁干扰。电磁干扰有传导干扰和辐射干扰两种。传导干扰是指干扰源通过导线把干扰信号耦合到另一个电路中去，对另一个电路产生干扰。辐射干扰是指干扰源通过空间把干扰信号辐射到另一个电路中去，对另一个电路产生干扰。

2. 电磁兼容性

电子产品的电磁兼容性（英文为 Electromagnetic Compatibility，常简写成 EMC），是指电子产品工作时所产生的电磁能量既不对其他设备产生干扰，也不受其他设备的电磁能量干扰。

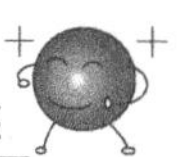

电子产品只有电路设计合理、装配工艺合理，才会具有较好的电磁兼容性。

3. 消除电磁干扰的基本措施

消除电磁干扰的基本措施是接地、滤波及屏蔽。生产过程中必须严格按照工艺文件的要求进行生产，否则可能会影响 EMC 效果。

（1）通过接地措施来消除电磁干扰

接地是最有效地抑制干扰源的方法，可解决 50%的电磁干扰问题。

1）接地的分类。接地可以分为单点接地与多点重复接地。单点接地：各电路接在同一点，提供公共电位参考点。多点接地：就近几个点重复接地，每条地线可以很短，可以提供较低接地阻抗。

在 PCB 上的接地，又可以分为屏蔽接地、滤波接地和静电接地。

屏蔽接地，即局部屏蔽罩引脚的接地，如图 4-4（a）所示；滤波接地，即信号线、电源线滤波器中的旁路电容的接地；静电接地，即泄放静电和防止接收无线电波再发射的接地。

2）接地要求。PCB 上的插接型接地线要插到底，确保接触良好；螺钉固定型的地线端子或接地片要上紧螺钉，并注意摆放方向，避免接触到旁边的元件或铜皮导致短路，如图 4-4（b）所示。

（a）屏蔽接地

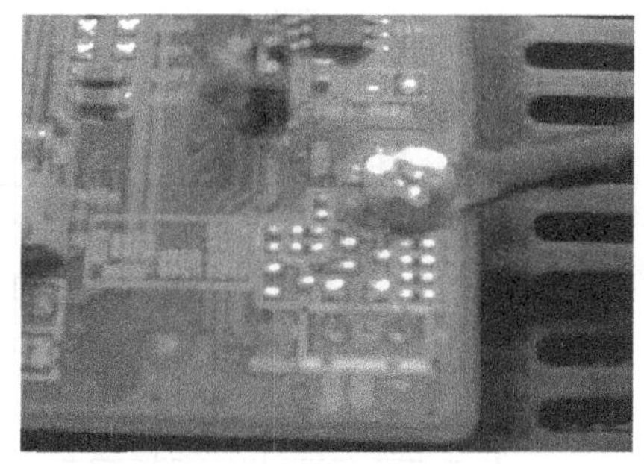

（b）螺钉固定型接地

图 4-4　屏蔽接地与螺钉固定型接地

液晶屏金属外壳与主电路板之间的接地一般采用具有弹性的导电海绵相互连通进行接地。导电海绵需要粘贴在正确的位置，确保接触良好，中间不可夹有绝缘物，导电海绵的厚度要合适，其厚度应确保液晶屏金属外壳与主电路板接触后，有 1～2mm 的压缩量，如图 4-5 所示。

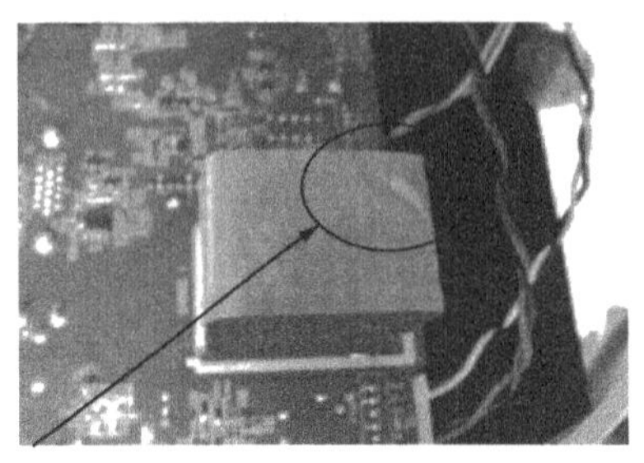
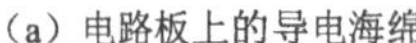

（a）电路板上的导电海绵

（b）液晶屏外壳上的导电海绵

图 4-5　导电海绵

（2）通过滤波措施来消除电磁干扰

1）常用的滤波元件。LCDTV 产品中，大多数干扰信号都是通过连接用的导线辐射出来的，导线会起辐射天线的作用，故在设计电路时，常用电容、电阻和电感（磁珠）等元件，以及由这些元件组成的 L 型、T 型和π型滤波电路来进行滤波。各滤波元件的作用如图 4-6 所示。

在离 LVDS、HDMI 信号线引脚插座较近的位置，增加滤波元件，采用串联电感或电阻、并联电容，或以上几种的组合，对差分传输信号——LVDS 信号和 HDMI 信号形成串联共模电路，即能很好地消除电磁干扰。

元件	外形	符号	作用
片状磁珠			在高频率下利用电阻成分把噪声转换成热量
电感器			将高频噪声阻止并反射回发生源，防止传导
电容器			将噪声通过旁路引导到稳定（地）电位（旁路电容）
贯通电容器			性能与旁路电容相同，而ESL较小，所以高频特性良好
3端子滤波器			珠状电感器与旁路电容的组合可以得到更加陡峭的衰减特性
共模滤波器			抑制共模噪声，而对差模模式的信号不造成影响
压敏电阻			在某一电压下，电阻值一下子减少，用于电涌、静电等EMS对策

图 4-6　各种滤波元件的符号与作用

2）磁环绕线滤波器的工艺要求。在线路的适当位置，串绕一个磁环，可以起到消除电磁干扰信号的作用，如图 4-7 所示。

装配时，必须依照工艺文件中规定的圈数、离线插的距离进行绕制，磁环绕线时不可夹线，扎线扣要绑紧，确保磁环不会松动，多余的部分要剪掉。

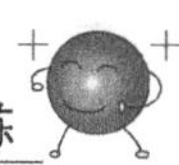

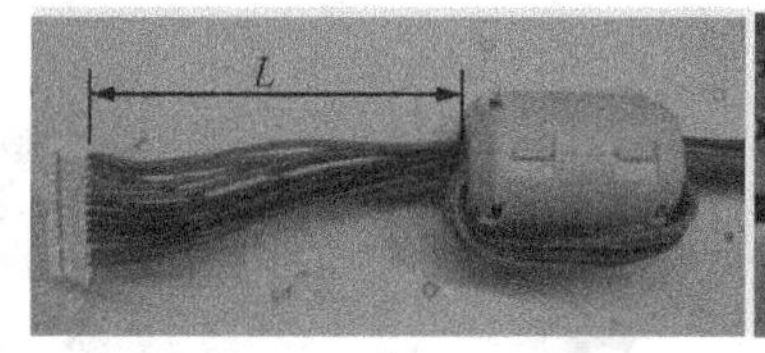

（a）在信号线上串绕磁环

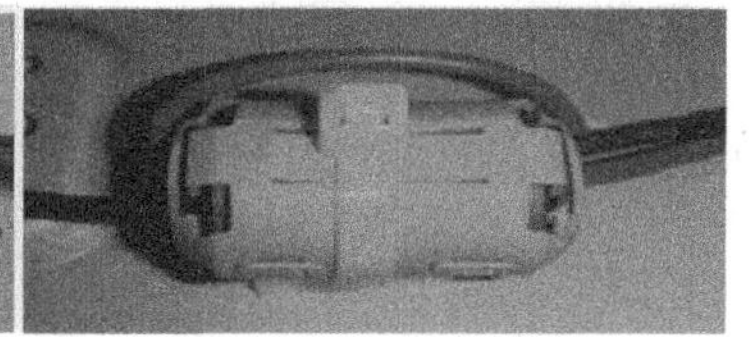

（b）在电源线上串绕磁环

图 4-7　串绕磁环

磁环的磁导率是影响滤波效果的最大因素。通常，材料的磁导率越高，适用抑制的频率就越低。在电源线上进行滤波，应选用磁导率高的材料；在信号线上进行滤波，应选用磁导率低的材料。在成本和空间允许下，选择尽量长、尽量厚和内径尽量小的磁环来绕制。

绕制的匝数会影响滤波效果。如果绕多圈，由于匝间电容的增大，对低频的滤波效果会更好，但对高频的滤波效果会下降。

磁环的安装位置也会影响滤波效果。同样的磁环，在不同的安装位置，滤波效果是有区别的。尽可能在接近干扰源的地方、靠近导线和电缆进出口的位置进行安装，滤波效果最好。

3）差分方式传输信号消除电磁干扰的工艺要求。LVDS、DVI（TMDS）、HDMI、USB 等接口电路传输信号时，一般都采用差分方式，把一路的串行信号转变为两路的反相信号，用一对信号线来进行传输，也就是把两根信号线作为一对来传输信号。这种传输方式对差模信号不会造成影响，但能很好地抑制共模干扰信号。

在生产工艺中，对采用差分方式传输信号的工艺要求如下。

差分对的两根走线要尽量靠近，差分对线对之间的距离越大越好，每对差分线的两根传输线要求严格等长，信号线对需设置共模电感和下地电容，以减少 LVDS 线的共模辐射，LVDS 插座应优先采用贴片或密脚插座以减少信号反射，信号线的总长度应尽量避免等于信号 1/4 波长的整数倍。

4）高电压、大电流导线布线的工艺要求，高压导线（如接到屏灯管的连接线）、大电流（电源线）导线不要和其他小信号线一起走线，尽量分开走线，否则容易产生干扰，如图 4-8 所示。

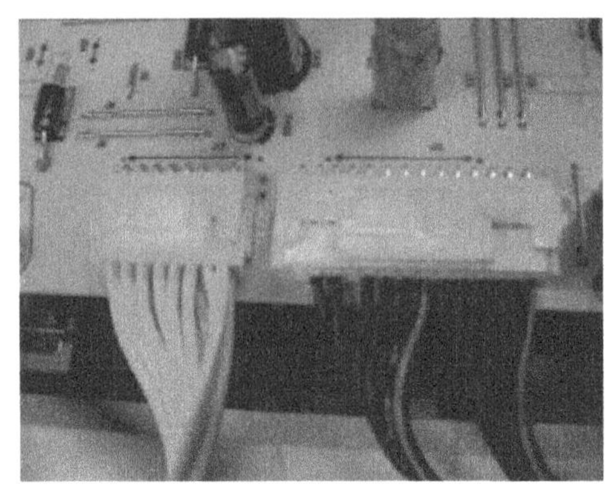

（a）电源线与信号线分开走线

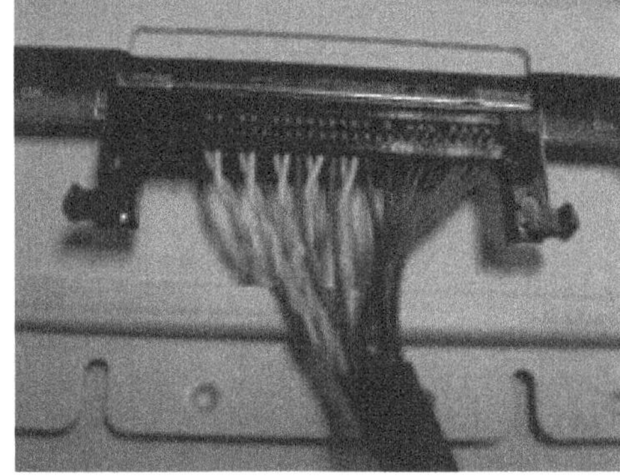

（b）电源线远离信号线排布

图 4-8 分开走线

（3）通过屏蔽措施来消除电磁干扰

1）消除干扰原理。采用高磁导率的材料使干扰信号的磁力线限制在屏蔽体内部，防止扩散到空间外。厚度越大，磁阻越小，磁场屏蔽的效果越好。

采用高导电性金属材料使干扰信号形成涡流，由于高频趋肤效应，涡流仅在屏蔽盒表面薄层流通，从而达到屏蔽的效果。

如果要求对高频和低频电磁场都具有良好的屏蔽效果时，往往采用高磁导率材料表面涂覆高导电性材料组成多层屏蔽体。

2）屏蔽材料的选用。低频干扰信号应采用高磁导率的金属屏蔽材料，高频干扰信号应采用高电导率的金属屏蔽材料。常用的金属板屏蔽材料有镀锌钢板、低碳钢板、镀铜钢板、铜板、导电布和导电铝箔等。

3）屏蔽工艺要求。对于屏蔽整个主板的屏蔽盒来说，要关注导线引出空孔的尺寸、屏蔽盒与屏蔽盖之间的缝隙大小。对于采用局部屏蔽的主板，应注意屏蔽罩引脚之间的最大尺寸不超过 30mm。穿过屏蔽罩的走线，须串接电感、电阻和穿心电容等进行滤波处理。

采用导电布、导电铝箔来进行屏蔽时，抚平贴紧，确保接触良好，注意不能贴到无关的元件上而造成短路，如图 4-9 所示。

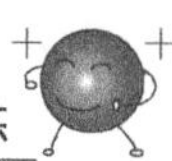

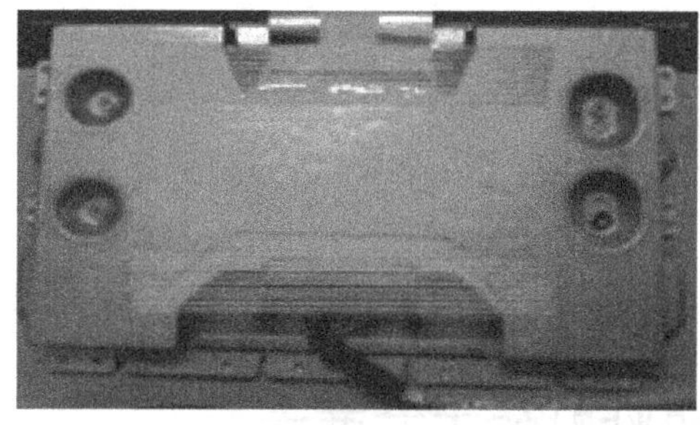

（a）贴导电铝箔前

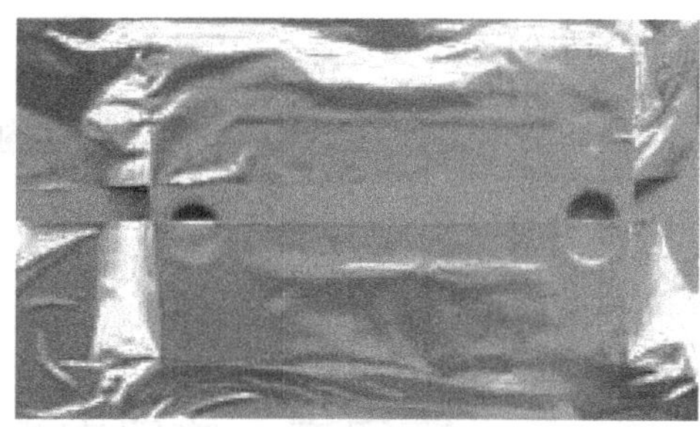

（b）贴导电铝箔后

图 4-9　贴导电铝箔注意事项

为了防止液晶电视机的电磁辐射产生危害，装配液晶电视机时，振荡器（如晶振）、电源开关管、开关变压器、高频整流二极管、遥控接收器和高频头等元器件要用磁环或金属外壳加以屏蔽。在装配过程中，不可随意弃掉这些磁环和金属外壳。另外，在装配整机的各个电路时，应严格按工艺要求进行，不可随意改动这些电路的结构。

任务实施

一、实习器材准备

液晶电视机、常用的防静电工具和万用表等。

二、液晶电视机装接安全问题专题训练

（一）防静电工具使用的训练

1）熟悉常用防静电工具的结构。
2）熟练掌握常用防静电工具的使用方法。
3）对防静电手环进行检测。

用万用表的×10kΩ挡测手环两端的电阻值，看阻值是否大于1MΩ，只有大于1MΩ才可使用。

（二）对液晶电视机防电磁干扰工艺进行分析与研究

观察与分析液晶电视机内电路板防电磁辐射的安全措施，包括屏蔽盒接地工艺、地线接地工艺、导电海绵接地工艺、电源线的滤波工艺和信号线的滤波工艺等。

三、知识拓展

通过上网，查找与下载下列资料内容。

1. 常用的防静电工具

包括防静电工具的种类和使用方法等内容。

2. 防电磁辐射干扰知识

包括电磁辐射的机理、危害、测试方法和消除方法等内容。

项目五　液晶电视机粘贴的工艺要求

【教学目标】

掌握液晶电视机常用的粘贴材料与粘贴的工艺等知识。

【工作任务】

1）对液晶电视机常用的粘贴材料进行识别。

2）掌握液晶电视机粘贴的工艺。

相关知识

在液晶电视机整机的生产过程中，电路板的生产是由 SMT 设备来完成的，但有很多部分则要通过粘贴工艺来完成生产的过程，如 LOGO、装饰条、防震胶脚垫和标签等都要进行粘贴，有较多的线材也应进行固定。粘贴工艺是一线的技术人员应掌握的技能。

一、粘贴材料

1. 常用的粘贴材料

在粘贴工艺中，所用的材料主要是压敏胶，又称不干胶，呈乳白色或微黄色。压敏胶以胶水的形式来使用，把胶水涂在需粘贴的位置，再把物件粘贴上去；也可制成单面胶纸和双面胶纸来使用。

2. 压敏胶粘贴元器件的优点

采用压敏胶粘贴元器件能平均分散元器件的受力点，结构更轻薄且不易变形，且具有优异的填缝效果，适用于不同表面及在低温场合使用。

3. 各种压敏胶的使用方法

不同的压敏胶的使用方法有所不同。

以胶水形式单独使用：使用时直接把不干胶水涂在待粘贴物件的表面，然后对物件进行粘贴。

以双面胶纸的形式使用：双面胶纸是在塑料的基材正反两面都涂上压敏胶制作而成，如图 5-1 所示。双面胶的一面用离型纸加以保护，使用时先贴没有离型纸的一面，沿一个方向均匀压贴胶带，贴好后，揭开离型纸，将需要粘接的物件表面贴上、压紧即可。

图 5-1 双面压敏胶纸

以单面胶纸的形式使用：结构类似透明胶纸，使用方法也与透明胶纸类似。

元器件以自带压敏胶的形式使用：有些元部件待贴的部分预先涂布有压敏胶，如商标和条码等，然后用离型纸加以保护，如图 5-2 所示。进行粘贴时，揭开离型纸即可进行粘贴。

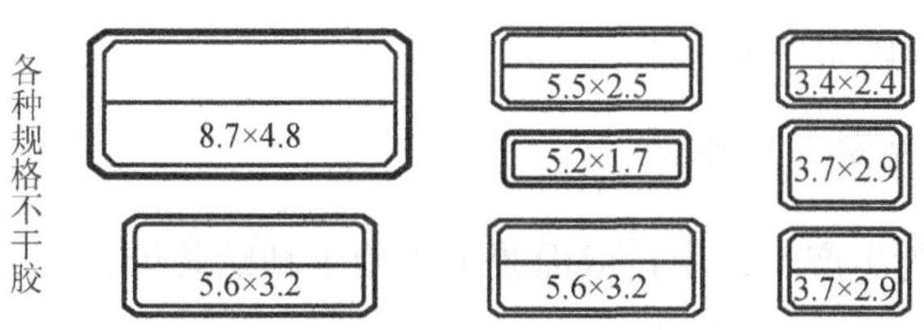

图 5-2 自带压敏胶的标签纸

4. 压敏胶粘接强度与时间的关系

一般的压敏胶在常温下 20min 后，胶带可达 50%的最终粘接强度，24h 后可达 90%的最终粘接强度，48h 后可达 100%的最终粘接强度。

二、压敏胶粘贴基本工艺要求

使用压敏胶来粘贴元器件时，其基本工艺要求为擦、贴和压。

1. 擦

被粘贴表面，特别是塑胶壳，可能会有灰尘、脱模剂等污染物，要擦拭干净。擦拭时，可用棉抹布蘸专用的洗涤溶液，如乙二醇单丁醚或异丙醇等，擦拭干净后，再用风枪吹干，方可进行粘贴。

2. 贴

操作过程中手指等不要接触背胶，以免沾污背胶降低黏性。粘贴时，应粘贴在部位的几何中心，方向要正确，不可明显倾斜。

3. 压

粘贴后要使用适当的力抚平压紧，以便背胶充分接触，特别是边缘及角部容易翘起，应使用滚轮用力压紧。

三、粘贴工艺常见的不良情况

元器件在粘贴过程中，易出现以下粘贴不良的情况。

1）粘贴面有灰尘等，未擦拭干净就进行粘贴。

2）撕开保护用的离型纸长时间曝露在空气中，或贴在它处待用。

3）手指、异物等沾污背胶。

4）胶带局部重叠引起皱褶。

5）粘贴后未用力抚平、压紧。

四、常见元器件粘贴的工艺要求

（一）双面胶纸粘贴工艺要求

在液晶电视机的生产工艺中，双面胶纸常用来粘贴装饰条、装饰面板等器件，如图 5-3 所示，粘贴的工艺要求如下。

1）用棉抹布蘸专用的洗涤溶液，将机壳待贴部位、装饰条表面的脏物擦拭干净，并用风枪吹干净。

2）将大小合适的双面胶纸贴到机壳正确位置，胶纸的大小、长短等应与被贴面相吻合。作业过程中手指不要接触背胶部分，以免影响其黏性。

3）用滚轮等工具压平、压紧双面胶纸，尽量排去胶纸中的气泡。

4）撕开离型纸，将装饰条贴到面壳的双面胶纸上，并压紧装饰条，确保装饰条装配到位。在撕开离型纸时，应避免将胶纸拉起。

5）装贴时，若胶纸出现局部重叠情况，要用刀片割除重叠部位，才能贴装饰条。

6）双面胶纸撕开离型纸后要及时粘贴，不可将离型纸撕开待用。

7）粘贴不合要求、要撕下双面胶纸时，可沿着胶纸方向以一个较小的角度缓慢撕

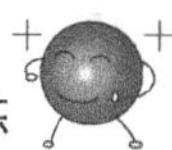

开，不可快速撕开胶纸，以免断裂。

8）粘贴工艺的最佳环境温度为22～36℃，不要在10℃以下的环境中进行粘贴操作。

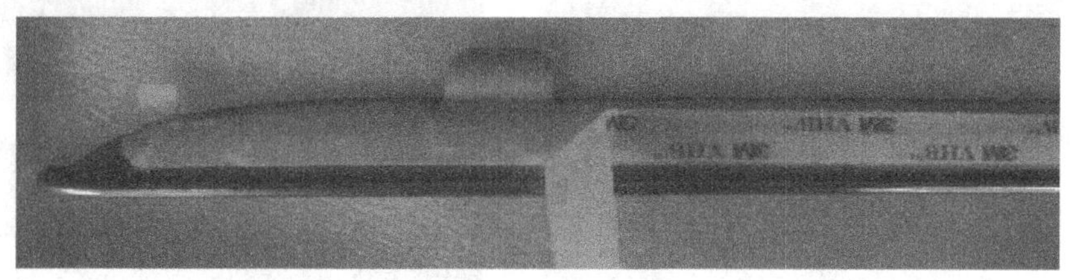

图5-3 用双面胶纸来粘贴装饰条

（二）单面胶纸（玻纤胶纸）粘贴工艺要求

在液晶电视机的生产工艺中，单面胶纸（玻纤胶纸）主要用来粘贴（固定）导线等元器件，如图5-4所示，粘贴的工艺要求如下。

1）用棉抹布蘸专用的洗涤溶液，将待贴部位的脏物擦拭干净，并用风枪吹干净。

2）用胶带切割机将玻纤胶带切割成需要的长度，每侧粘贴长度应不少于2cm，不可将胶纸切割后贴在其他地方待用。

3）整理线材（导线），并用手指按住需要固定的位置。

4）将玻纤胶带的中间部位对准线材粘贴部位，将胶纸从两侧包住线材，使之成为"Ω"状，以增加有效粘贴面积，如图5-4（a）所示。注意在拿取分割好的胶纸时，要拿中间部位，不要接触胶纸两端。

5）用手指将两侧的胶带抚平压紧，不可折叠。

6）粘贴不成功须重贴时，撕开的胶纸不可再用。

导电铝箔、导电布等的粘贴方法及工艺要求与玻纤胶纸的粘贴相同。

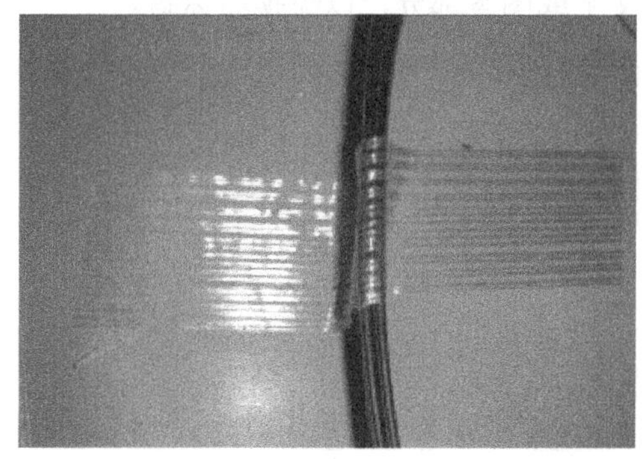

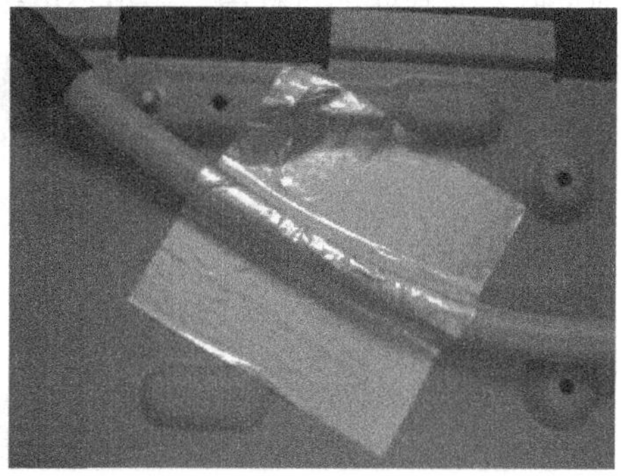

（a）标准的粘贴工艺

图5-4 单面胶纸粘贴工艺要求

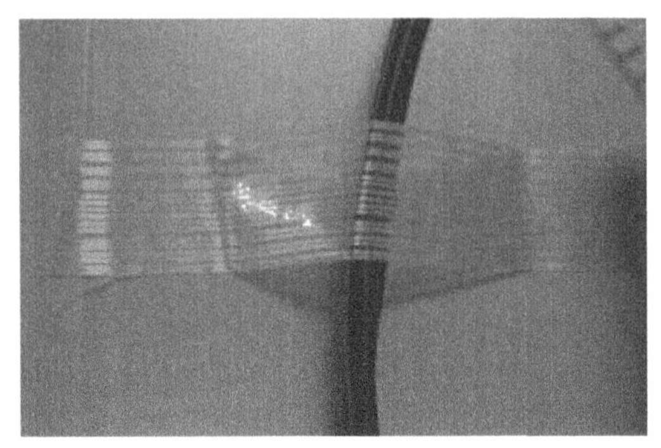
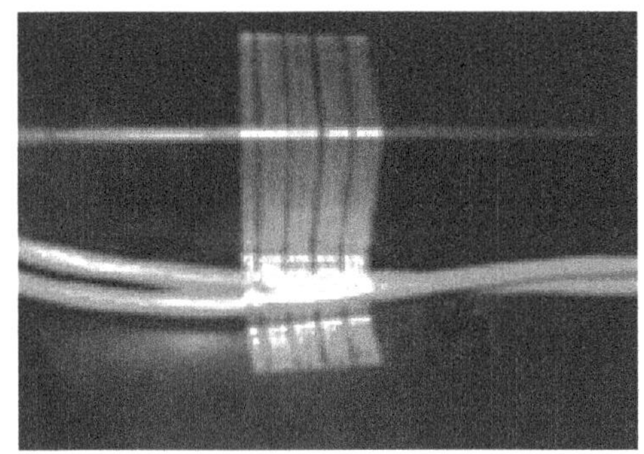

（b）不标准的粘贴工艺

图 5-4　单面胶纸粘贴工艺要求（续）

（三）自带压敏胶的元器件的粘贴工艺要求

在液晶电视机的生产工艺中，自带压敏胶的元器件主要有商标、条码、胶垫或其他较小的器件，如图 5-5 所示，粘贴的工艺要求如下。

1）用棉抹布蘸专用的洗涤溶液，将待贴部位的脏物擦拭干净，并用风枪吹干净。

2）撕去待贴器件（如商标）的离型纸，手指不要接触背胶，不可在空气中曝露时间过长才粘贴。

3）将胶纸对准定位标识，从一侧向另一侧粘贴过去，注意不可拱起或有气泡。

4）粘贴面积较大的器件时，从中间往四周方向用力抚平、压紧，要特别注意边缘部位，确保粘贴良好。

5）标签不可倒贴，不可明显倾斜。

6）标签若粘贴不合格，需沿着一个较小的角度慢慢揭起，避免胶纸弯曲变形。黏性过大不易撕下时，可用电吹风在标签上均匀加热后轻轻揭下，注意不可固定某一位置长时间吹，且在吹的过程中，手指不可接触文字或图案部分，以免损坏标签。

图 5-5　贴条码与插孔功能说明牌

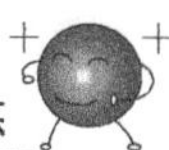

任务实施

一、实习器材准备

液晶电视机、常用的压敏胶和常用的维修工具。

二、液晶电视机粘贴工艺专题训练

1. 识别粘贴材料

对常用的压敏胶、单面胶纸、双面胶纸和自带压敏胶的器件（如标签纸）等的结构进行分析与研究，并熟悉其用途。

2. 掌握粘贴工艺

观察与分析电视机面板、机内电路板和液晶屏等部位粘贴器件的粘贴工艺，包括液晶屏条码、导电海绵、密封胶、连接导线和功能说明牌等的粘贴工艺。

三、知识拓展

通过上网，查找与下载下列资料内容。

1）常见压敏胶的组成结构、种类。包括不干胶（水）、单面胶纸、双面胶纸和标签纸等。

2）各种压敏胶纸的使用方法。

项目六　液晶电视机整机的组成

【教学目标】

1）掌握液晶电视机整机电路的组成。

2）掌握液晶电视机关键点电压的测试方法。

【工作任务】

1）对整机电路的组成进行识别。

2）对液晶电视机关键点的电压进行测试。

相关知识

一、液晶电视机的特点

液晶电视机与传统的 CRT 电视机相比，既有相同点，也有很多独特之处。

1. 整机电路组成不同

液晶电视机除高频头、公共通道、伴音通道、彩色解码器、开关电源和 CPU 这几个部分的电路与 CRT 电视机相同外，其他电路的组成与原理都是不同的。液晶电视机有 A-D 转换、隔行逐行转换、图像缩放处理和存储器等电路来完成信号的处理任务，并通过行列电极选通驱动来出现图像。

2. LCD 电视机液晶屏的结构与工作原理不同

CRT 显像管部分主要由电子枪、偏转线圈组件、阴罩板和荧光粉等组成，显像管是主动发光器件。液晶电视机的液晶屏则由背光源、偏振片、透明像素电极、公共电极、液晶体和彩色滤色膜等部分组成，其产生图像的工作原理是：用图像信号使行扫描电极母线和列电极母线相交叉处的场效应晶体管产生电场，控制液晶像素对光的通断来出现图像。液晶屏本身不发光，依靠背光源的发光才能显示图像。

3. 电、光性能参数不同

电、光性能参数主要指分辨率、刷新率、亮度、对比度、时间响应和可视角度等参数，液晶电视与传统的 CRT 电视相比，这些参数的差别还是较大的。

分辨率是指显示屏可以显示的像素的总个数，一般用行像素与列像素相乘来表示。如分辨率为 1024×768 的液晶显示屏，其列数为 1024 列，行数为 768 行，共可显示 786 432 个彩色像素。又因一个彩色像素又是由 R、G、B 三个基色像素单元构成，故共可显示 1024×768×3 个单元像素。目前生产的液晶电视已可达 1600（列）×1200（行）的水平。

4. 液晶电视机的优缺点

液晶电视机不存在电子束聚焦问题，不存在 R、G、B 会聚问题，无枕形、梯形、平行四边形、弓形、线性等几何失真问题；不受地磁场影响，环保，无 X 射线辐射；耗电小，可平板化，分辨率高。但液晶电视机也存在时间响应偏长，可视角度偏小等问题。

二、液晶电视机整机组成

液晶电视机由模拟信号处理电路、数字信号处理电路、背光板电路、彩色液晶显示屏和开关稳压电路几大部分构成。其中，模拟信号处理电路包括高频头电路、图像中频处理电路、多路 AV/TV 转换电路、彩色解码电路、伴音信号处理电路、伴音功放电路

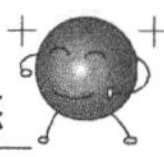

和微处理器电路；数字信号处理电路包括 A-D 转换电路、逐行转隔行变换电路、画面缩放处理（SCALER）电路和 LVDS 编码电路。模拟信号与数字信号处理电路组合在一起，构成一个主电路板；而背光板电路、开关稳压电路则分别设计在不同的电路板上。

液晶电视机整机组成流程图如图 6-1 所示。各主要部分电路的作用如下。

（一）高频板电路

高频板电 18 路由频率合成式高频头、图像与伴音中频电路、DC/DC 转换器（把 5V 的电压转换成 30V 调谐电压）组成。对输入的天线信号进行接收和变换处理，输出彩色全电视 VIDEO 信号、音频信号。

（二）多路切换与视频解码电路

该电路输入的视频图像信号可以有如下几种。高频板送来的 VIDEO 信号，机外孔送来的 Y/C 信号、YCbCr（即 YUV 亮、色差）信号、VIDEO 信号。多路切换与视频解码电路的作用是：在 I^2C 总线控制下，对输入的各种视频图像信号进行选择，选出的全电视信号在数字梳状滤波器配合下，完成视频解码，输出模拟的 YUV 信号。

（三）A-D 转换电路

在微处理器 I^2C 总线的控制下，对模拟的 R、G、B 输入信号，或对模拟的 YUV 输入信号，进行 A-D 转换。输出 8 位（bit）R、8 位 G、8 位 B 数字信号（共 24bit），以及行、场同步信号与时钟控制信号，送往逐行转换与运动检测电路。A-D 转换电路的有关参数如下。

1. A-D 转换的取样频率

按照奈奎斯特采样定理，采样频率至少应为信号上限频率的两倍以上。亮度信号 Y 最高频率为 6MHz，采样频率取 13.5MHz。色差信号 U、V 的最高频率为 1.3MHz，为与亮度信号进行兼顾，色差信号的采样频率为 6.75MHz，正好是亮度信号采样频率的 1/2。

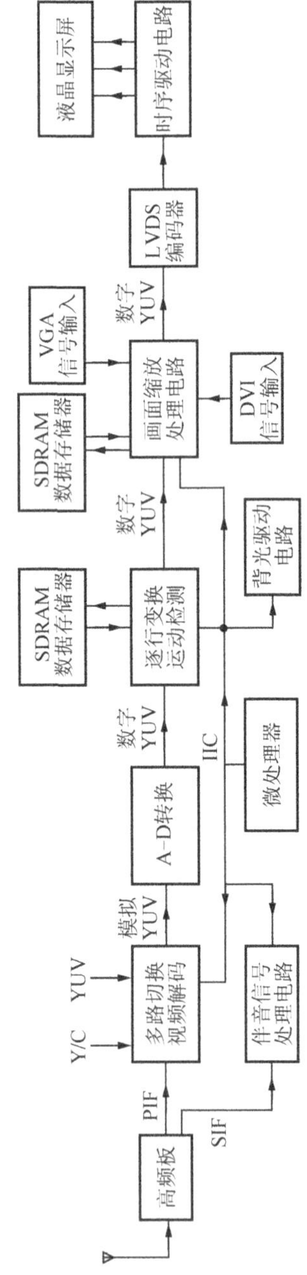

图 6-1　液晶电视机的组成框图

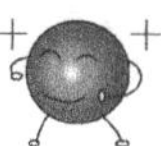

2. A-D 转换取样点数

根据取样频率、行频的参数，在 1 行的模拟图像信号里，PAL 制与 NTSC 制亮度信号 Y 的取样点数为 720 个，色差信号 U、V 的取样点数为 360 个。

3. A-D 转换的采样结构

亮度信号 Y 采样频率为 13.5MHz，色差信号 U、V 的采样频率为 6.75MHz，亮度信号与色差信号的采样结构如图 6-2 所示，其中圆圈为亮度信号的采样点，方框为色差信号的采样点，奇数场和偶数场的采样点都是一样的。色差信号的采样点只有亮度信号的 1/2，并与亮度信号的奇数样点相重合。YUV 采样点数之比为 4∶2∶2，即每 4 个取样点中，每个取样点 Y 信号都要进行取样，UV 信号取样点数则减少一半，只对奇数点进行取样。

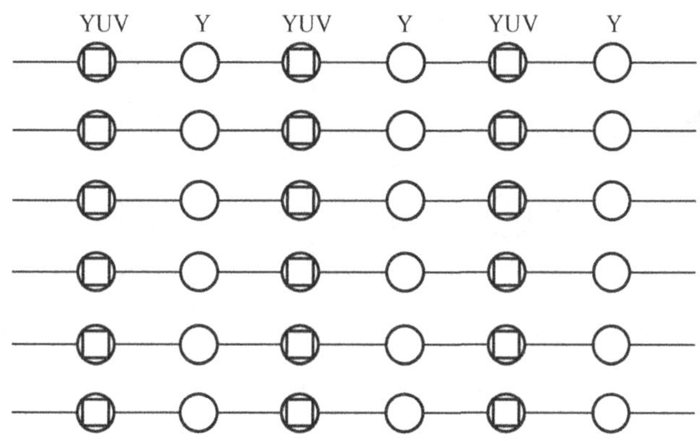

图 6-2　A-D 转换的采样结构

4. A-D 转换的量化位数

各个取样点的 Y、U、V 信号在量化时，量化的位数都为 8bit。视频信号的码率为亮度信号与两个色差信号的码率之和，为 216 Mb/s，即：

13.5MHz×8bit+（6.75MHz×8bit）×2＝216 Mb/s

5. A-D 转换的量化电平

在量化前，把亮度信号、色差信号的峰峰值严格控制在 1V，当信号的幅度超过 1V 时，电路容易出现过载而引起工作的不稳定。采用 8bit 进行量化时，量化级为 256 级，为防止出现不稳定情况，256 个量化级没有被亮度信号、色差信号全部占用，而留有余量。

亮度信号量化时，对应的电平值约是 0.063～0.922V，该电平对应的量化级数是 16～235，在 256 个量化级中，上端留有 20 级，下端留有 16 级作为保护带，对应的二进制数是 00010000～11101011。

色差信号量化时，对应的电平值约是 0.063～0.941V，该电平对应的量化级数是 16～240，共有 224 个量化级，在 256 个量化级中，上端留有 16 级，下端留有 16 级作为保护带，对应的二进制数是 00010000～11110000。

（四）逐行转换、运动检测电路

逐行转换、运动检测电路的作用是：把 3×8bit 的 R、G、B 的隔行扫描格式的数字信号转变为 3×8bit 的 R、G、B 逐行扫描格式的数字信号；在转换过程中采用具有运动补偿功能的方法，以改善图像的画质。

目前，液晶电视机都采用插值算法，把隔行信号转变为逐行信号，同时又达到了运动补偿的目的，转换的原理如图 6-3 所示，转换的过程如下。

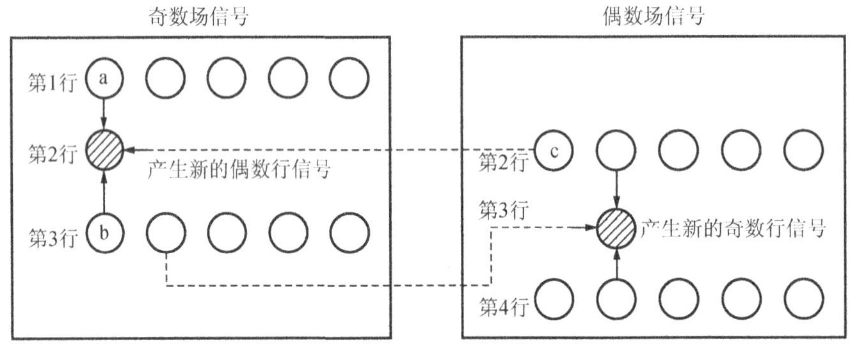

图 6-3　逐行转换、运动检测原理

1. 存储隔行格式的图像信号

采用两个动态存储器，在 1 帧图像的奇、偶数场数字信号到来后，将其存储起来，存入速度为行频。

2. 把隔行格式的奇数场信号变为逐行格式的奇数场信号

原奇数场中 1、3、5、…奇数行信号不变，所缺少的偶数行信号则采用插值算法来产生。取奇数场中垂直且上下相邻的像素 a 和像素 b，以及同 1 帧图像的偶数场信号中，在时间上对应的像素 c，对 a、b、c 这三个像素的亮度进行比较。若 $a<b<c$，则取 b 像素作为该位置的新像素；若 $a<c<b$，则取 c 像素作为该位置的新像素；若 $c<a<b$，则取 a 像素作为该位置的新像素。一行中的其他新像素依同样方法产生，形成一行新的偶数行信号。奇数场中的其他偶数行也按同样方法产生。

3. 把隔行格式的偶数场信号变为逐行格式的偶数场信号

将隔行格式的偶数场信号变为逐行格式的偶数场信号的变换方法与奇数场变换方

法相同。

4. 重新读出信号

变换后的奇、偶数场（其实已成为两帧信号），都按 2 倍行频速度读出，则奇、偶数场都由隔行方式变为逐行方式，帧频为 50Hz。

这种方法的优点是新的像素与垂直相邻行像素、对应位置的像素有关，可以最大限度地减少激烈运动图像画面的失真，实现场内信号的运动预测，即运动检测。同时，因为帧频为原来的 2 倍，图像的闪烁现象减少，稳定性增加。

（五）画面缩放处理电路（分辨率调整电路）

画面缩放处理电路的作用是：I^2C 总线控制下，把接收到的不同格式的信号转换为液晶屏固有的分辨率（格式），并输出各种同步信号。

1. 常见信号的格式

从天线输入的电视信号：PAL 制亮信号 Y 为 720（列）×576（行），两个色差信号 U、V 都为 360（列）×576（行）；NTSC 制亮信号 Y 为 720（列）×480（行），两个色差信号 U、V 都为 360（列）×480（行）。电脑主机、数字电视机顶盒等设备输出的信号：VGA 为 640（列）×480（行），SXGA 为 1280（列）×1024（行），UXGA 为 1600（列）×1200（行）等，即不同信号的分辨率是不同的。

对某一成品液晶电视而言，显示屏的尺寸是固定的，其行、列像素的数也是固定的，即其分辨率是固定的。如型号为 LCD27T-CMO 的液晶屏，其像素为 1280（列）×720（行）。解决图像信号格式的多样性与屏的格式固定性这一矛盾的方法就是用一个转换电路进行格式转换。

2. 缩放电路改变输入信号行数的方法

缩放电路改变输入信号行数的方法如图 6-4 所示。（注意是缩放电路改变信号行数，并不是隔行转逐行变换）。

（1）确定输出行数与输入行数的整数比

输出行数与输入行数的比值，取整数，用 L、M 来表示，求得 L 与 M 的值，其中 L 称为内插系数，M 称为抽选系数。

（2）对输入信号的每行信号进行 L 倍倍频

待转换的输入信号存储以后，对原信号按 L 倍行频读出后再存储起来，实际上是对原信号进行 L 倍倍频，1 行信号变为 L 行信号，又叫行内插。

（3）对行倍频信号进行抽选

倍频后的信号经低通滤波，再按 M 倍行频抽选，重新读出，其实质是对倍频以后的信号，每隔 M 行信号读取 1 行信号出来，即可得到要求的行数。

若要把 720×576 格式的信号变为 720×480 格式的信号，只改变信号行的像数，不改变信号列的像素，其输出与输入行数之比，取整数为 480/720=5/6，取 L=5、M=6，则变换过程如图 6-4 所示。

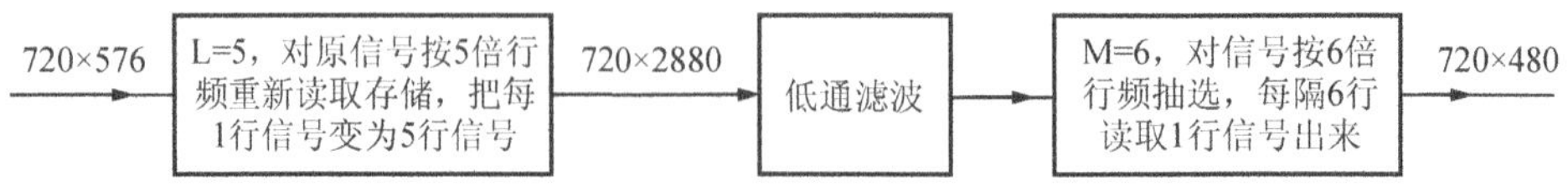

图 6-4 改变输入信号行数的原理

3. 缩放电路改变输入信号列数的方法

缩放电路改变输入信号列数的方法如图 6-5 所示。

（1）确定输出信号列数与输入信号列数的整数比

取输出信号列数与输入信号列数的比值，取整数，用 L、M 来表示，求得 L 与 M 的值。

（2）对输入信号的每列信号进行 L 倍倍频

待转换的输入信号存储以后，对原信号按 L 倍列频读出后存储起来，实际上是把 1 个像素扩变为 L 个像素，又叫水平内插。

（3）对列倍频信号进行抽选

列倍频信号经低通滤波，再按 M 倍列频抽选，重新读出，实际上是每隔 M 个像素读取 1 个像素出来，又叫水平抽选，即可得到所求的列数。

如若要把 720×480 格式的信号变为 640×480 格式的信号，只改变列的像素，不改变行的像素，其列数比为 640/720=8/9，取 L=8，M=9，变换过程如图 6-5 所示。

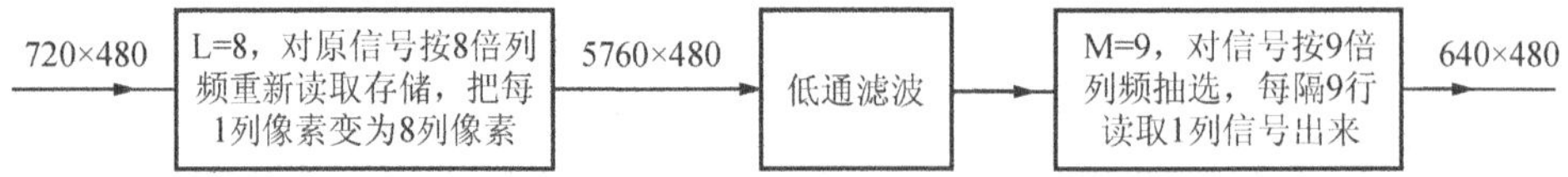

图 6-5 改变输入信号列数的原理

（六）LVDS 编码传送器

1. 电路板向液晶屏传送信号的方法

彩色液晶屏的显像原理与 CRT 显像管的显像原理是完全不同的，传送信号的方法也就不同。液晶电视机中，数字信号经画面缩放处理电路后，因信号电平高（3V/0V 变化）、频率高、路数多，若直接送往液晶显示屏，会出现传输线路数多、抗干扰能力差的情况，为了改善这种情况，LCD 电视采用 LVDS 接口技术来解决这一问题。

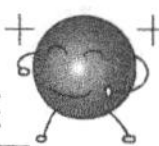

2. LVDS 传送方式

LVDS 是低电压差分信号的缩写，是高速率、低噪声、高准确度传送信号的一种方式。在电路板的发送端，通过编码传送器，把缩放处理电路输出的 R、G、B 图像信号数据、时钟控制信号数据等多路并行信号转换为低电压串行差分信号，然后通过柔性排线送到液晶屏侧的接收解码器中，接收解码器再将其还原成并行的信号，送往后级的定时控制器与行列驱动电路，以完成行、列像素的驱动。

3. LVDS 传送信号的原理

在 LVDS 信号编码传送器中，将前级电路送来的并行 R、G、B 信号和时钟控制信号转换成低电压的串行差分信号，信号电压的偏置为 1.2V，数据信号电压的摆幅为 350mV，即信号电压在 1.2V±350mV 范围变化，大大降低了传输信号的电平范围，也就降低了干扰的发生。同时采用差分方式来传送，把每一位数据信号（每 bit）变成一对正向和负向的差分信号（1 变为 1/0，0 变为 0/1），在两条线路中同时传送出去，以提高抗干扰的能力，如图 6-6 所示。

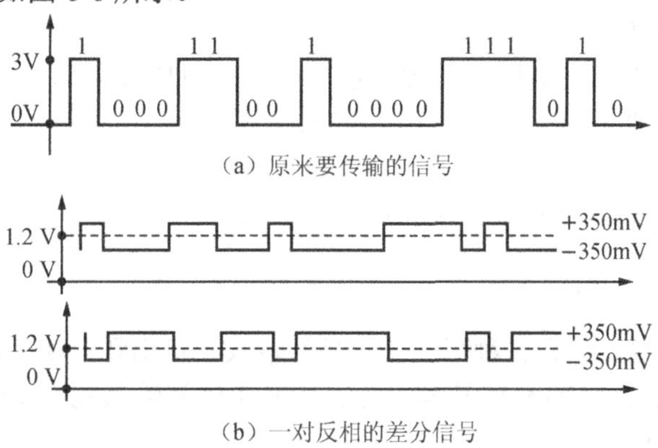

（a）原来要传输的信号

（b）一对反相的差分信号

图 6-6　差分信号传输方法

信号传送到液晶显示屏侧，经 LVDS 接收器译码，将串行的、低幅度信号转变为并行的、大幅度信号。同时，在转变过程中，将一对差分信号相减，就可以抵消信号在传输中叠加的干扰信号，最后送入后级驱动电路。

（七）背光驱动电路

液晶材料本身不发光，需要有背光源照射并控制液晶分子的旋光才能出现像素。背光驱动电路的作用是：把输入的 12V 直流低压（有的为 24V）逆变为电压较高、可调的直流电压，以点亮 LED 背光灯。

以上所述的液晶电视机组成方框图，多路切换电路、视频解码器、A-D 转换、隔行逐行变换、画面放缩电路和微处理器都由一个超大规模的集成电路来完成，电路很简洁。

三、液晶电视机整机分析与关键供电点电压的测试

下面以 TCL 生产的 TCL -L19P21 型液晶电视机为例，对液晶电视机整机的组成、信号流程进行简要分析，并对关键供电点的电压进行测试。液晶电视机整机的认识包括认识液晶电视机的功能、各个端口的作用和主要元器件的作用等方面的内容。

（一）液晶电视机的主要功能

目前生产的液晶电视机都向多功能、智能化的方向发展，既可以作为电视机，又可以作为监视器来使用，主要有如下功能。

1）一路天线信号 ATV （RF IN）输入，支持 PAL-B/G、PAL-D/K 和 PAL-I 格式。

2）一路数字高清信号输入，图像信号从 HDMI 插孔输入，支持 480i/p、576i/p、1080i/p 格式输入，兼容 HDMI V1.3 版本输入。伴音信号则从 P301（即 Y、U、V、R、L 插孔）插孔中的 R、L 孔输入。

3）一路 VGA 信号输入，图像信号从 VGA 孔输入，伴音信号从 AV2 的 R、L 孔输入。

4）一路模拟高清 YPbPr 亮色信号输入，支持 480i 到 1080p。图像信号从 P301 的 Y、U、V 孔输入，伴音信号从 R、L 孔输入。

5）两路 AV 输入，一路从 back AV2 孔输入，一路从 side AV1 孔输入。

6）一路 AV-OUT 声图信号输出，从 P302（即 AV 孔）输出。

7）一路 USB 信号输入，播放图片和音乐。

8）串口 P001 输入，做串口升级用（MTK tool）。

（二）各个端口的功能

液晶电视机的端口包含各种形式的信号的输入、输出孔，如天线信号输入孔、AV 信号的输入与输出孔、VGA 信号输入孔、HDMI 信号输入孔和 LVDS 接插座等，如图 6-7（a）、（b）所示。

（a）

图 6-7　液晶电视机的端子

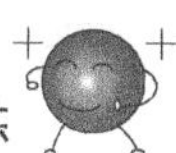

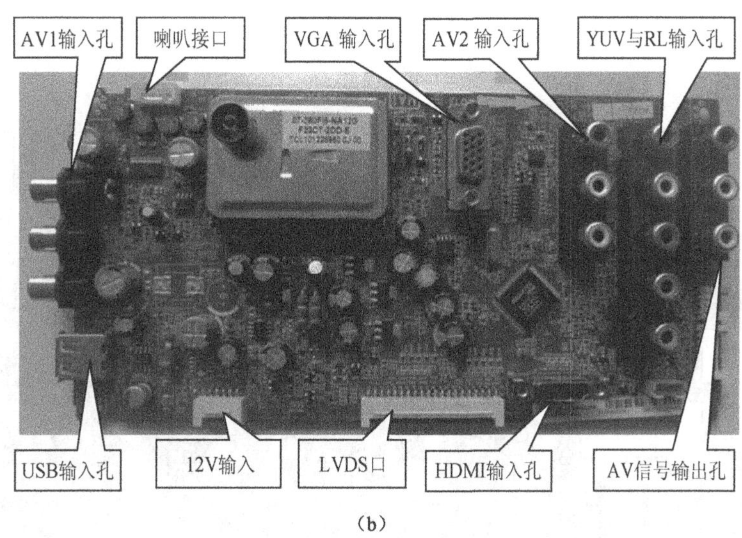

(b)

图 6-7　液晶电视机的端子（续）

（三）主要元器件的作用

机芯电路板上主要元器件的作用，主要指各个 IC、高频头等元器件的作用，主要元器件的位置、作用如图 6-8（a）、（b）所示。

（四）整机的信号流程

液晶电视机整机的信号流程，主要是指主电路板的信号流程，目前生产的液晶电视机都采用嵌入式、超大规模的 IC 来完成信号的处理。TCL-L19P21 型液晶电视机采用 MT8223H 集成电路来完成整机信号的处理。

1. 由 MT8223H 组成的液晶电视机信号流程

采用 MT8223H 组成的液晶电视机整机机芯的系统组成框图如图 6-9 所示。

由图 6-9（b）可见，从连接口输入的各种模拟图形信号，包括 AV 信号、VGA 信号、YUV 信号都要进行解码、隔行格式转逐行格式变换、行列像素调整（分辨率调整）等处理之后，才能进行编码传送，送往液晶屏。而从 HDMI 口输入的信号则无需进行这些变换。

数字的 R、G、B 图像信号在通过 LVDS 线送往液晶屏之前，还要进行伽马（Gamma）校正，校正的方法是：在 merge 混合器中，通过 I^2C 总线技术，按照要求调整 R、G、B 信号的直流电平的比例，以改变图像背景的底色，即改变图像的色温。校正的目的是：通过校正，以适合不同使用环境、不同的使用人群（如东、西方人）对色彩的需要。

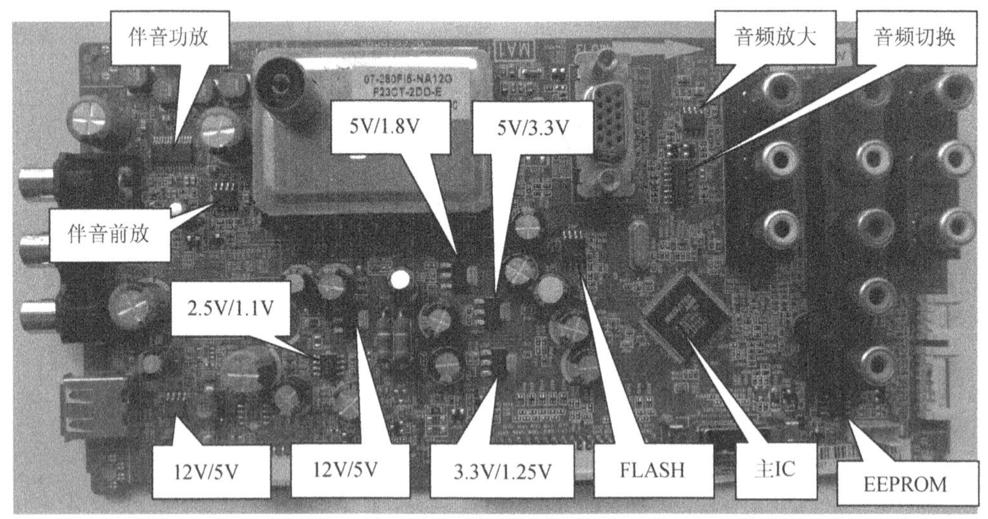

（a）

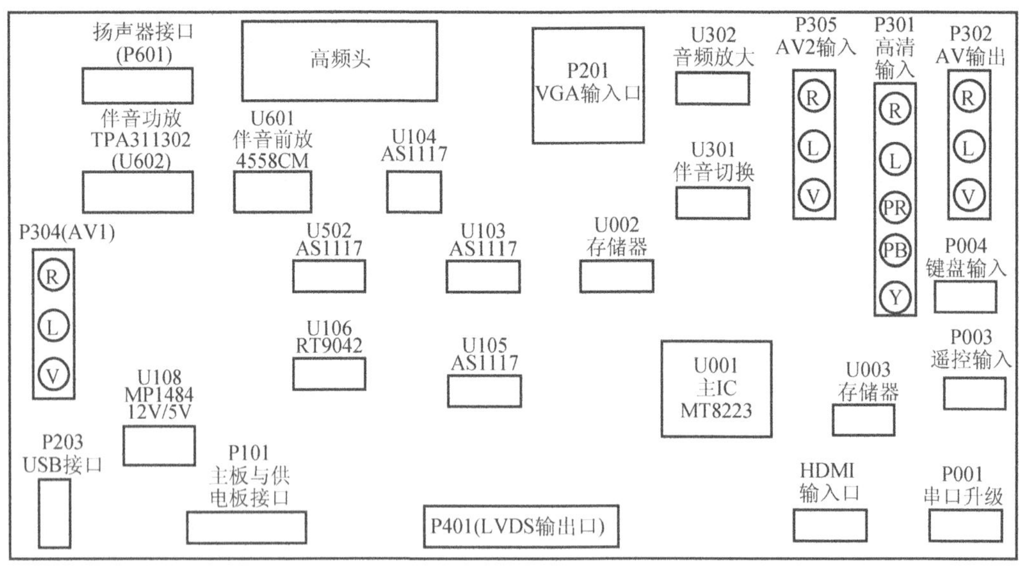

（b）

图 6-8 液晶电视机的主要元器件位置

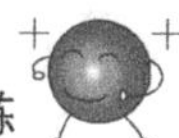

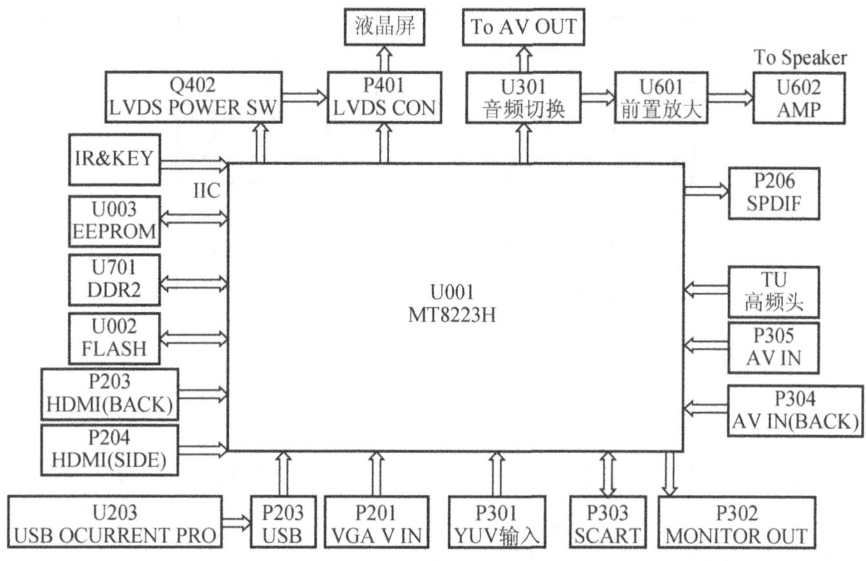

（a）由MT8223H组成的整机信号流程

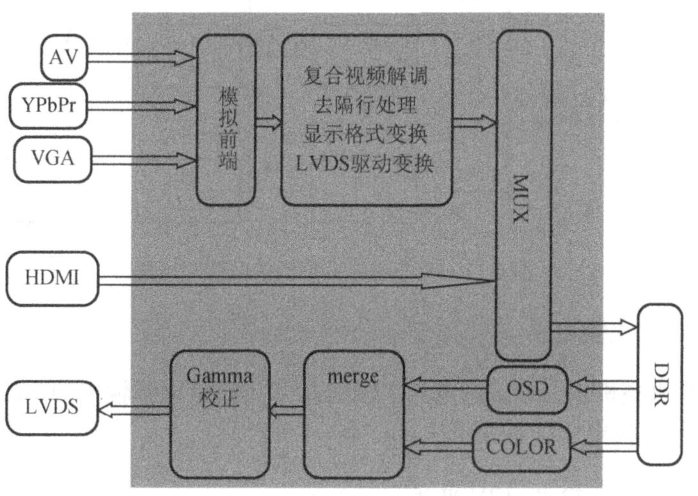

（b）MT8223H内部信号处理流程

图 6-9　由 MT8223H 组成的液晶电视机整机系统组成框图

2. 液晶电视机整机 I^2C 总线控制流程

由 MT8223H 组成的液晶电视机的整机 I^2C 总线控制流程如图 6-10 所示。由图可见，一共挂了 6 对总线，对 HDMI、VGA、EEPROM、TUNER、FLASH 等电路进行控制。

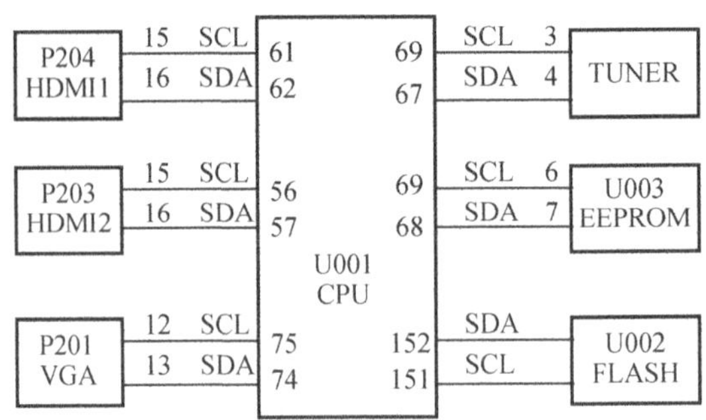

图 6-10　液晶电视机整机 I^2C 总线控制流程

3. 液晶电视机整机供电的情况

液晶电视机整机供电的变化情况如图 6-11 所示。电网 AC220V 经过稳压变换后，输出 DC12V 的电压，供整机使用。DC12V 电压又经过多个电路，变换为 5V、3.3V、1.8V、1.25V、1.1V 的电压，供各处电路使用。

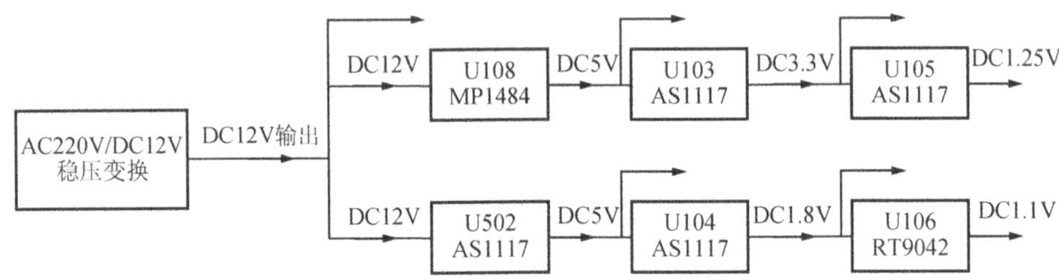

图 6-11　液晶电视机整机供电的变化情况

（五）关键供电点电压

液晶电视机整机中，关键供电点主要包括开关稳压电源输出的电压、待机状态控制电压、DC/DC 变换电压等主要电压。

1. 开关稳压电源输出+12V 电压

开关稳压电源输出的+12V 电压测试点如图 6-12 所示，P101 接插头的第 1、2、4 脚为测试点。

2. 待机状态时关键点电压的测试

液晶电视机处于遥控关机状态时，称为待机状态。待机状态工作原理图如图 6-13 所示。其工作原理是：正常工作时，CPU 开关机控制脚为低电平，Q103 截止，P101 连接线的第 12 脚（ON/OFF 端子）为高电平 3.3～5V，背光灯驱动板正常工作，液晶电视机有正常的图像。遥控关机时，CPU 开关机控制脚为高电平，Q103 饱和，P101 连接线的第 12 脚（ON/OFF 端子）为低电平 0V，背光灯驱动板停止工作，液晶电视机无光栅。

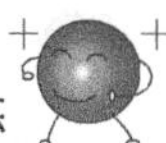

图 6-12　开关稳压电源输出+12V 电压测试点

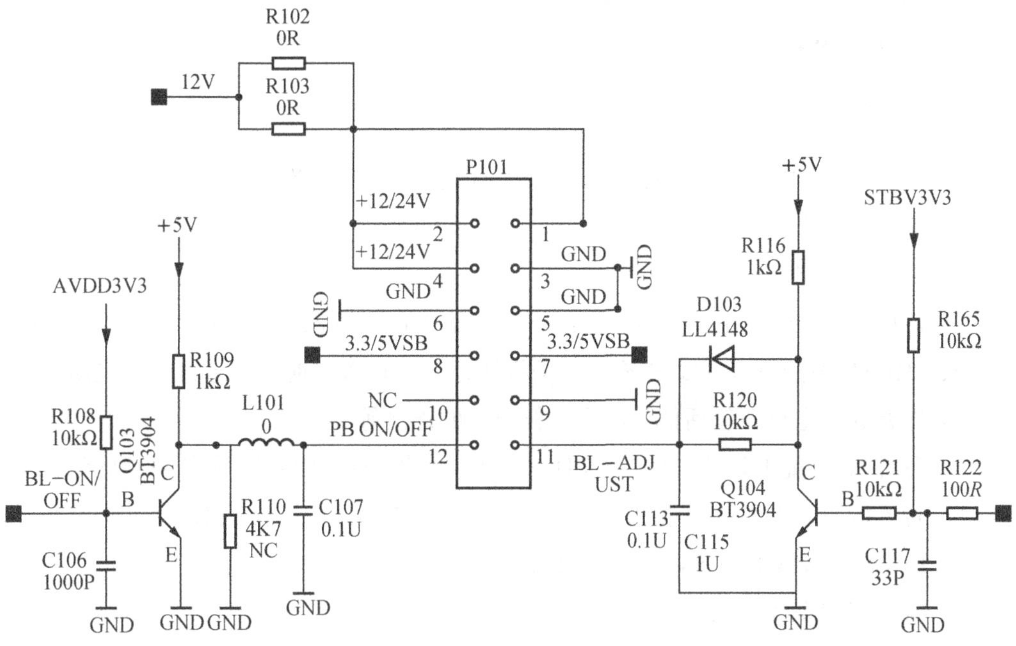

图 6-13　开机/待机状态电压的测试点

正常状态/待机状态时，关键点 P101 第 12 脚的电压为 3.3V/0V。测试点位置如图 6-12 所示，接插头 P101 第 12 脚的电压。

3. 机芯内各关键供电电压的测试

关于机芯内各关键点电压的测试，重点测试如下电压。电压的测试位置如图 6-8（a）所示的位置。

1）DC12V/DC5V 变换，U108（MP1484）输入与输出端电压。

2）DC12V/DC5V 变换，U502（AS1117）输入与输出端电压。

3）DC5V/DC3.3V 变换，U103（AS1117）输入与输出端电压。

4）DC5V/DC1.8V 变换，U104（AS1117）输入与输出端电压。

5）DC3.3V/DC1.25V 变换，U105（AS1117）输入与输出端电压。

6）DC1.8V/DC1.1V 变换，U106（RT9042）输入与输出端电压。

液晶电视机整机关键点的电压还包含液晶屏供电电压、遥控接收接插头电压、面板按钮电压、高频头各脚电压和伴音供电点电压等，这些电压的测试将在后续内容中介绍。

任务实施

一、实习器材准备

液晶电视机、常用的防静电工具、常用的维修工具和指导书等。

二、液晶电视机整机识读专题训练

1. 液晶电视机机芯电路板整体的认识

对给定的液晶电视机机芯电路板，找出下面各部分的电路。

1）开关稳压电源电路。

2）高频头电路。

3）各种信号的输入电路，包括天线输入、AV1 声图输入、AV2 声图输入、VGA 声图输入、HDMI 声图输入、USB 输入、面板按钮信号输入和遥控信号输入等电路。

4）伴音通道电路，包括信号流程、扬声器的连接等。

5）各种 IC 功能的识读，包括 CPU、存储器、各种接口电路和稳压电路的识读。

6）背光源驱动电路的识读，认清其输入、输出连接线，工作的 IC 等。

7）LVDS 连接线的识读，认清连接方式、线的编号。

8）液晶屏的识读，包括型号参数等的识读。

2. 待机状态控制电路与电参数的测试

（1）电路图的绘制

绘出待机状态时，向背光灯电路供电的控制电路图。

（2）测试背光灯供电控制电参数

按照要求，填写表 6-1。

表 6-1　背光灯开机待机状态测试表

状态	Q103 的 b 极电压	Q103 的 c 极电压
开机状态时		
待机状态时		

3. 机芯供电连接插座 P101 的识读

1）绘出机芯供电连接插座的电路图。

2）对 P101 电路电压进行测试。

按照要求填写表 6-2。

表 6-2　机芯供电连接插座电压测试表

引脚	1	2	3	4	5	6	7	8	9	10	11	12
引脚符号												
工作电压												
待机电压												

3）根据上表电压的变化，分析液晶电视机开关机的工作原理

4. 机芯稳压供电电路电压的测试

对机芯各稳压电路的电压进行测试，按要求填写表 6-3。

表 6-3　机芯各稳压电路电压测试表

序号	电路元件	U108（MP1484）	U502（AS1117）	U103（AS1117）	U103（AS1117）	U103（AS1117）	U106（RT9042）
1	输入端电压						
2	输出端电压						

项目七　液晶电视机整机拆装技能训练

【教学目标】

掌握液晶电视机整机拆装的知识与技能。

【工作任务】

1）掌握液晶电视机整机拆装的工艺。

2）对液晶电视机整机进行拆装。

相关知识

液晶电视机的主电路板、开关电源板和背光驱动电路板一般由 SMT 贴片设备进行生产，并已调试好，然后才能进行整机组装。整机装配主要的工艺流程如图 7-1 所示。

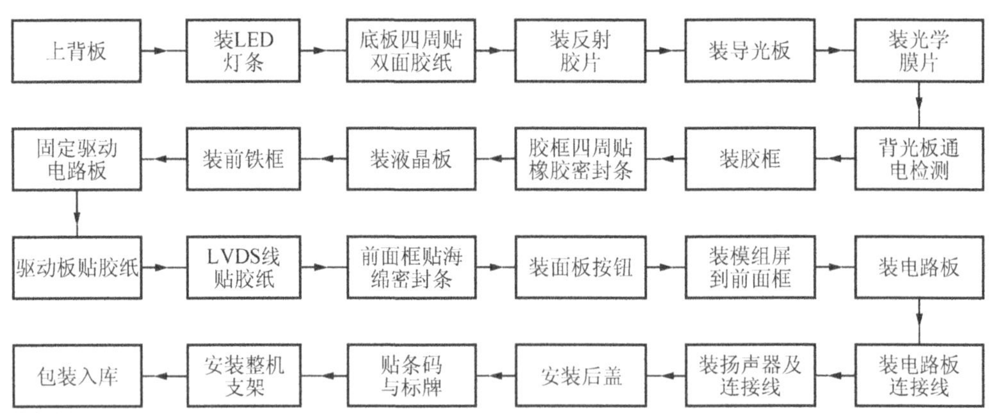

图 7-1　整机装配主要工艺流程图

下面以作业指导书的形式介绍 TCL-L19P21 型液晶电视机整机装配过程中，主要装配岗位的工序名称、作业内容要求、物料数量、工具参数要求和注意事项等内容，以系统掌握液晶电视机生产的工艺流程和工艺要求。

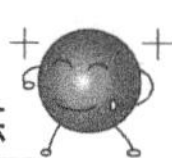

作业指导书

公司名称： 编制日期：

<table>
<tr><td>机型</td><td></td><td>模组料号</td><td colspan="2">文件编号</td><td>生产线名称</td><td>工位号</td><td></td></tr>
<tr><td>工序名称</td><td colspan="2">上背板</td><td colspan="3">作业内容要求</td><td>作业人数</td><td>1</td></tr>
<tr><td>序号</td><td>物料编号</td><td>物料数量</td><td colspan="3"></td><td colspan="2">工具参数要求</td></tr>
<tr><td>1</td><td></td><td>大号海绵1块</td><td colspan="3">取大号海绵垫放置于工作台上，如图1所示</td><td colspan="2" rowspan="4">戴白色棉手套</td></tr>
<tr><td>2</td><td></td><td>小号海绵3块</td><td colspan="3">取小号海绵3块，叠放在大海绵垫上，使成为“门框”型，如图1所示</td></tr>
<tr><td>3</td><td></td><td>铁质背板1块</td><td colspan="3">取背板凹面朝上，放置于“门框”型海绵垫上，如图2所示</td></tr>
<tr><td colspan="3">注意事项</td><td colspan="3">1）海绵垫要放到位、放正，不能漏放；
2）检查背板是否有凹陷、变形和生锈等情况，若有应更换</td></tr>
<tr><td>标注图示</td><td colspan="7">
图1 叠在一起的海绵垫

图2 背板</td></tr>
</table>

作业指导书

公司名称： 编制日期：

<table>
<tr><td>机型</td><td></td><td>模组料号</td><td colspan="2">文件编号</td><td>生产线名称</td><td>工位号</td><td></td></tr>
<tr><td>工序名称</td><td colspan="2">装LED灯条</td><td colspan="3">作业内容要求</td><td>作业人数</td><td>1</td></tr>
<tr><td>序号</td><td>物料编号</td><td>物料数量</td><td colspan="3"></td><td colspan="2">工具参数要求</td></tr>
<tr><td>1</td><td></td><td>LDE灯条1条</td><td colspan="3">取LED灯条放于工作台上，如图1所示</td><td colspan="2" rowspan="4">戴白色棉手套
戴防静电手环</td></tr>
<tr><td>2</td><td></td><td>导热胶带</td><td colspan="3">把导热胶带贴到LED灯条背面上，如图1所示</td></tr>
<tr><td>3</td><td></td><td></td><td colspan="3">将贴好导热胶带的LED灯条的离型纸撕掉，把灯条贴到(固定）背板位置上，如图2和图3所示</td></tr>
<tr><td colspan="3">注意事项</td><td colspan="3">1）导热胶带贴到LED灯条上时，灯条与胶带两端要对齐，压紧、贴平胶带，不能有贴偏、折叠等不良现象；
2）固定灯条到背板位置上时，要按LED灯条的两边缘，手不能直接压LED灯珠，防止损坏LED灯珠，LED灯条的两端与背板槽口的两端要对平。</td></tr>
<tr><td>标注图示</td><td colspan="7">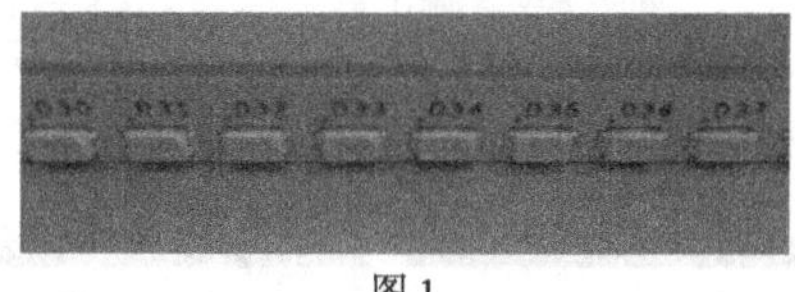
图1

图2

图3</td></tr>
</table>

作业指导书

公司名称： 编制日期：

机型		模组料号		文件编号		生产线名称		工位号	
工序名称	底板四周贴双面胶纸		作业内容要求					作业人数	1
序号	物料编号	物料数量						工具参数要求	
1		双面胶纸	按规定尺寸截取双面胶纸，贴于底板四周图示的位置上（粘贴反射胶片用），如图1。					戴白色棉手套 戴防静电手环	
注意事项			将双面胶纸贴到底板四周上时，胶纸与规定位置的两端要对齐，压紧、贴平胶纸，不能有贴偏、折叠等不良现象						
标注图示	 图1								

作业指导书

公司名称： 编制日期：

机型		模组料号		文件编号		生产线名称		工位号	
工序名称	装反射胶片		作业内容要求					作业人数	1
序号	物料编号	物料数量						工具参数要求	
1		反射胶片1块	轻轻揭下底板四周双面胶纸上的离型纸					戴白色棉手套 戴防静电手环 戴口罩	
			取反射胶片，光面朝上，对准安装缺口位置，把反射胶片贴在双面胶纸上，如图1、图2和图3所示						
注意事项			1）揭开离型纸时，应防止胶带离板，不能有偏、折叠等不良现象； 2）拿取反射胶片时，双手拿其短边，并使反射胶片尽量平坦、不弯折，以免出现折痕； 3）将反射胶片贴到底板四周上时，胶片与规定位置的两端要对齐、压紧，不能有贴偏等不良现象； 4）反射胶片上不能有污染物存在，如有，应用滚筒清除干净						
标注图示	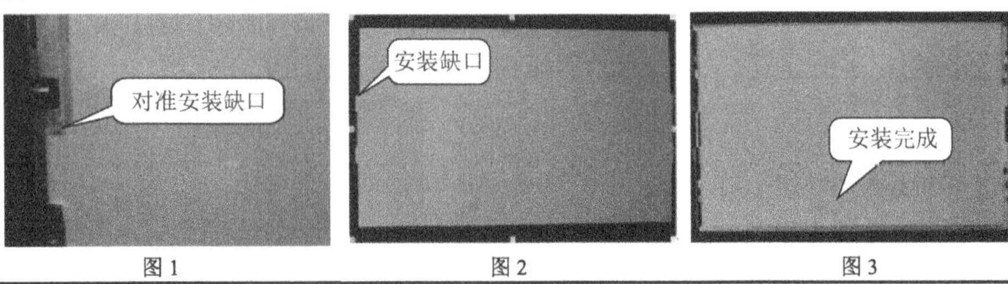 图1 图2 图3								

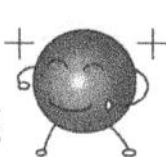

作业指导书

公司名称：　　　　　　　　　　　　　　　　　　　　　　　　　　编制日期：

<table>
<tr><td>机型</td><td></td><td>模组料号</td><td></td><td>文件编号</td><td></td><td>生产线名称</td><td></td><td>工位号</td><td></td></tr>
<tr><td>工序名称</td><td colspan="2">装导光板</td><td colspan="5">作业内容要求</td><td>作业人数</td><td>1</td></tr>
<tr><td>序号</td><td>物料编号</td><td>物料数量</td><td colspan="5"></td><td colspan="2">工具参数要求</td></tr>
<tr><td>1</td><td></td><td>导光板1块</td><td colspan="5">将导光板的保护膜撕掉，检查导光板是否有污染、折痕、三边是否已贴有反光边（防止漏光），如图1和图2</td><td colspan="2" rowspan="4">戴白色胶手套
戴防静电手环
戴口罩</td></tr>
<tr><td></td><td></td><td></td><td colspan="5">双手拿导光板短边，粗面在下、光面在上，对准安装缺口位置，将导光板装在反射胶片上，如图3所示</td></tr>
<tr><td></td><td></td><td></td><td colspan="5"></td></tr>
<tr><td colspan="3">注意事项</td><td colspan="5">1）将导光板装在反射胶片上时，两端要对齐，压紧，不能放偏；
2）导光板上不能有污染物存在，如有，应用滚筒清除干净；
3）导光板正反面不能装反</td></tr>
<tr><td>标注图示</td><td colspan="9">图1　导光板　　图2　贴有反光边　　图3　安装完成</td></tr>
</table>

作业指导书

公司名称：　　　　　　　　　　　　　　　　　　　　　　　　　　编制日期：

<table>
<tr><td>机型</td><td></td><td>模组料号</td><td></td><td>文件编号</td><td></td><td>生产线名称</td><td></td><td>工位号</td><td></td></tr>
<tr><td>工序名称</td><td colspan="2">装光学膜片</td><td colspan="5">作业内容要求</td><td>作业人数</td><td>1</td></tr>
<tr><td>序号</td><td>物料编号</td><td>物料数量</td><td colspan="5"></td><td colspan="2">工具参数要求</td></tr>
<tr><td>1</td><td></td><td>扩散膜片1块
（散射片）</td><td colspan="5">双手拿膜片短边，尽量使光学膜片平坦、不弯折，检查膜片是否有污染、折痕，对准安装缺口位置，将扩散膜片装贴在导光板上，如图1和图2所示</td><td colspan="2" rowspan="4">戴白色胶手套
戴防静电手环
戴口罩</td></tr>
<tr><td></td><td></td><td>增光片1块
（大焦点透镜）</td><td colspan="5">对准安装缺口位置，将增光片装贴在扩散膜片上，如图1、图2所示</td></tr>
<tr><td></td><td></td><td>DBEF片1块
（反射偏光片）</td><td colspan="5">对准安装缺口位置，将DBEF膜片装贴在增光片上，如图1、图2和图3所示</td></tr>
<tr><td colspan="3">注意事项</td><td colspan="5">1）装贴各个膜片时，两端要对齐，压紧，不能放偏；
2）各个膜片上不能有污染物存在，如有，应用滚筒清除干净；
3）各个膜片正反面不能装反；
4）各个膜片的顺序不能装错</td></tr>
<tr><td>标注图示</td><td colspan="9">对准安装缺口
图1　对准安装缺口
安装缺口
图2　对准安装缺口
图3　安装完成</td></tr>
</table>

作业指导书

公司名称：　　　　　　　　　　　　　　　　　　　　编制日期：

<table>
<tr><td>机型</td><td></td><td>模组料号</td><td colspan="3"> 　｜文件编号｜ 　｜生产线名称｜ </td><td>工位号</td><td></td></tr>
<tr><td>工序名称</td><td colspan="2">背光板通电检测</td><td colspan="3">作业内容要求</td><td>作业人数</td><td>1</td></tr>
<tr><td>序号</td><td>物料编号</td><td>物料数量</td><td colspan="3"></td><td colspan="2">工具参数要求</td></tr>
<tr><td>1</td><td></td><td>背光源驱动电源</td><td colspan="3">将安装好光学膜片的屏的LED灯条的连接线与LDE驱动电源相连，打开驱动电源，点亮LED灯条，如图1和图2所示</td><td colspan="2" rowspan="4">戴白色棉手套
戴防静电手环
戴口罩
连接线材
测量间隙的测规</td></tr>
<tr><td></td><td></td><td></td><td colspan="3">从正面、侧面检查光学膜片在光照下是否有污染、暗点、水纹和划伤等情况 ，如图3所示</td></tr>
<tr><td></td><td></td><td></td><td colspan="3">测量LED灯条与导光板之间的间隙，应符合间隙要求</td></tr>
<tr><td colspan="3">注意事项</td><td colspan="3">1）光学膜片如有异物， 需要用胶纸粘干净；
2）LED灯条与导光板之间的间隙，一般应在0.3mm≤间隙≤0.5mm范围</td></tr>
</table>

标注图示

图1　灯条

图2　驱动电源板

图3　安装完成

作业指导书

公司名称：　　　　　　　　　　　　　　　　　　　　编制日期：

<table>
<tr><td>机型</td><td></td><td>模组料号</td><td colspan="3"> 　｜文件编号｜ 　｜生产线名称｜ </td><td>工位号</td><td></td></tr>
<tr><td>工序名称</td><td colspan="2">装胶框</td><td colspan="3">作业内容要求</td><td>作业人数</td><td>1</td></tr>
<tr><td>序号</td><td>物料编号</td><td>物料数量</td><td colspan="3"></td><td colspan="2">工具参数要求</td></tr>
<tr><td>1</td><td></td><td>胶框1块</td><td colspan="3">检查光学膜片四个角与背板定位缺口的对准情况，确保完全对齐</td><td colspan="2" rowspan="4">戴白色棉手套
戴防静电手环
戴口罩</td></tr>
<tr><td></td><td></td><td></td><td colspan="3">检测胶框的清洁情况，确认胶框清洁、干净，如图1所示</td></tr>
<tr><td></td><td></td><td></td><td colspan="3">双手拿胶框，对准安装缺口位置，将胶框装在背板上，扣紧扣脚，如图2所示</td></tr>
<tr><td colspan="3">注意事项</td><td colspan="3">胶框的扣脚要对准背板边相应的扣脚孔，紧扣到位</td></tr>
</table>

标注图示

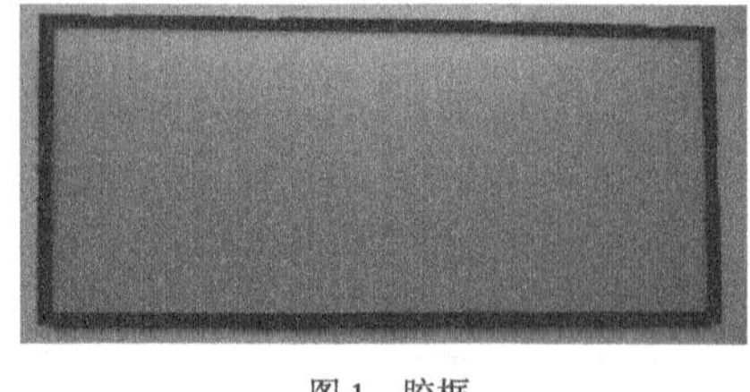
图1　胶框

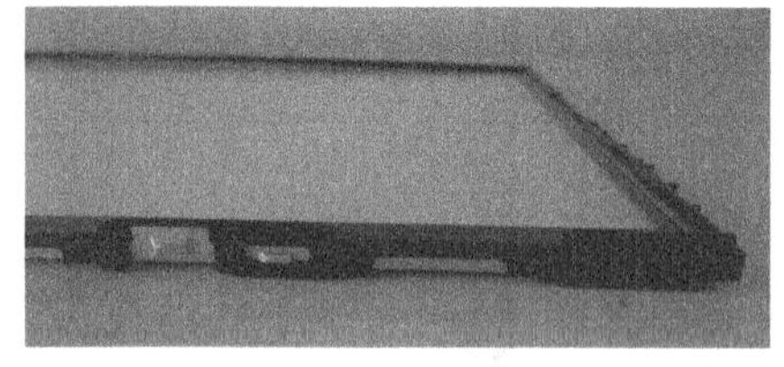
图2　安装完成（扣紧扣脚）

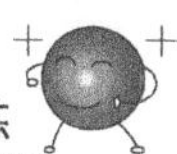

作业指导书

公司名称：　　　　　　　　　　　　　　　　　　　　　　编制日期：

<table>
<tr><td>机型</td><td></td><td>模组料号</td><td></td><td>文件编号</td><td></td><td>生产线名称</td><td></td><td>工位号</td><td></td></tr>
<tr><td>工序名称</td><td colspan="2">胶框四周贴橡胶密封条</td><td colspan="5">作业内容要求</td><td>作业人数</td><td>1</td></tr>
<tr><td>序号</td><td>物料编号</td><td>物料数量</td><td colspan="5"></td><td colspan="2">工具参数要求</td></tr>
<tr><td>1</td><td></td><td>橡胶密封条4条</td><td colspan="5">取橡胶密封条，贴于胶框上、下、左、右四个边的凹槽内，如图1所示</td><td colspan="2" rowspan="4">戴白色棉手套
戴防静电手环
戴口罩</td></tr>
<tr><td></td><td></td><td></td><td colspan="5"></td></tr>
<tr><td></td><td></td><td></td><td colspan="5"></td></tr>
<tr><td colspan="3">注意事项</td><td colspan="5">1）应检查胶框条是否有明显变形；
2）橡胶密封条要贴正、贴紧，不能出现跷边、跷角情况，以防液晶屏出现漏光情况</td></tr>
<tr><td>标注图示
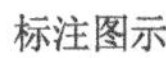</td><td colspan="9">

图1　胶框
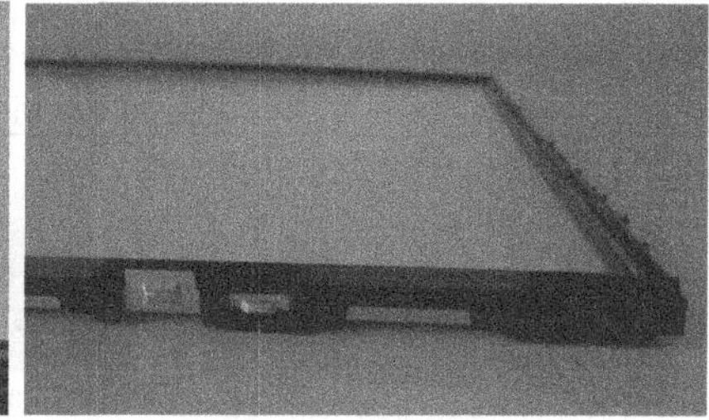
图2　安装完成（胶框四周贴橡胶密封条）</td></tr>
</table>

作业指导书

公司名称：　　　　　　　　　　　　　　　　　　　　　　编制日期：

<table>
<tr><td>机型</td><td></td><td>模组料号</td><td></td><td>文件编号</td><td></td><td>生产线名称</td><td></td><td>工位号</td><td></td></tr>
<tr><td>工序名称</td><td colspan="2">装液晶板</td><td colspan="5">作业内容要求</td><td>作业人数</td><td>1</td></tr>
<tr><td>序号</td><td>物料编号</td><td>物料数量</td><td colspan="5"></td><td colspan="2">工具参数要求</td></tr>
<tr><td>1</td><td></td><td>液晶板（含驱动板）</td><td colspan="5">将液晶面板包装拆掉，检查有无破裂、划伤、气泡情况，如图1所示</td><td colspan="2" rowspan="4">戴白色棉手套
戴防静电手环
穿防静电衣服
戴口罩</td></tr>
<tr><td></td><td></td><td></td><td colspan="5">撕掉液晶屏的保护膜</td></tr>
<tr><td></td><td></td><td></td><td colspan="5">用双手轻拿液晶屏的短边或用吸屏器将屏吸起，放入背板的胶框中，检查液晶板四角是否在胶框内，如图2和图3所示</td></tr>
<tr><td colspan="3">注意事项</td><td colspan="5">1）搬液晶板时，要轻搬轻放，以防损坏液晶板；
2）注意驱动板的安装位置，不可装反；
3）液晶板四个角与胶框定位缺口完全对准后才能放下液晶板</td></tr>
<tr><td>标注图示</td><td colspan="9">
图1　液晶板（含驱动板）
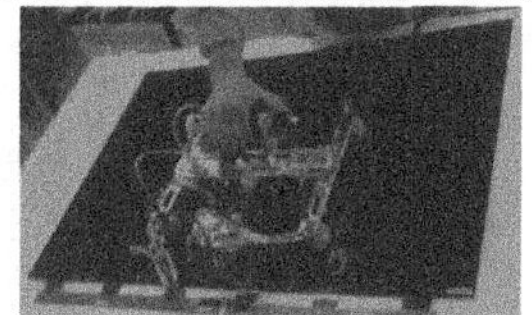
图2　用吸屏器将屏吸起
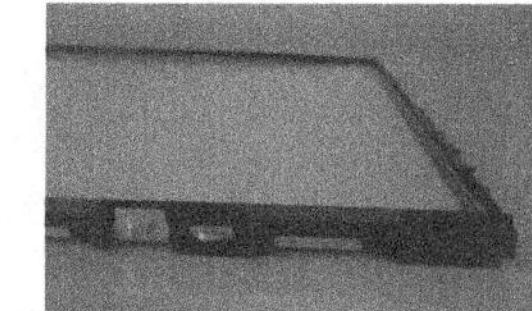
图3　将液晶板安放于此背板的胶框中</td></tr>
</table>

作业指导书

公司名称：　　　　　　　　　　　　　　　　　　　　编制日期：

<table>
<tr><td>机型</td><td></td><td>模组料号</td><td></td><td>文件编号</td><td></td><td>生产线名称</td><td></td><td>工位号</td><td></td></tr>
<tr><td>工序名称</td><td colspan="2">装液晶屏模组前铁框</td><td colspan="5">作业内容要求</td><td>作业人数</td><td>1</td></tr>
<tr><td>序号</td><td>物料编号</td><td>物料数量</td><td colspan="5"></td><td colspan="2">工具参数要求</td></tr>
<tr><td>1</td><td></td><td>液晶屏模组前铁框</td><td colspan="5">拿取液晶屏模组前铁框，检查有无生锈、变形等情况，如图 1 所示</td><td colspan="2" rowspan="4">戴白色棉手套
戴防静电手环
穿防静电衣服
戴口罩</td></tr>
<tr><td></td><td></td><td></td><td colspan="5">将铁框对准液晶屏胶框的四角，并对准背板缺口扣子，装好铁框，如图 2 所示</td></tr>
<tr><td></td><td></td><td></td><td colspan="5">在液晶屏左右两边的螺丝孔上装螺钉，如图 3 所示</td></tr>
<tr><td colspan="3">注意事项</td><td colspan="5">1）安装时，要轻搬轻放，以防损坏液晶板；
2）注意铁框的安装位置，不可左右装反；
3）液晶屏胶框四个角与铁框定位缺口完全对准后，才能放下铁框；
4）液晶板的驱动板应放置好，切勿损坏驱动板及其连接线</td></tr>
<tr><td>标注图示</td><td colspan="9">
图 1　液晶屏前铁框

图 2　定位处扣好铁框

图 3　在螺钉孔上装螺钉</td></tr>
</table>

作业指导书

公司名称：　　　　　　　　　　　　　　　　　　　　编制日期：

<table>
<tr><td>机型</td><td></td><td>模组料号</td><td></td><td>文件编号</td><td></td><td>生产线名称</td><td></td><td>工位号</td><td></td></tr>
<tr><td>工序名称</td><td colspan="2">固定液晶模组屏驱动电路板</td><td colspan="5">作业内容要求</td><td>作业人数</td><td>1</td></tr>
<tr><td>序号</td><td>物料编号</td><td>物料数量</td><td colspan="5"></td><td colspan="2">工具参数要求</td></tr>
<tr><td>1</td><td></td><td>螺丝钉 3 粒</td><td colspan="5">将液晶模组屏翻转 180°，使屏幕面朝下、背板在上，放在海绵垫上</td><td colspan="2" rowspan="4">戴白色棉手套
戴防静电手环
穿防静电衣服
戴口罩
电批的力矩要求为：
3.5±0.5（kgf.cm）</td></tr>
<tr><td></td><td></td><td></td><td colspan="5">将驱动电路板的安装螺孔对准，装上螺钉，固定好驱动板，如图 1 和图 2 所示</td></tr>
<tr><td></td><td></td><td></td><td colspan="5"></td></tr>
<tr><td colspan="3">注意事项</td><td colspan="5">1）安装时，要轻搬轻放，以防损坏液晶板；
2）切勿损坏驱动板及其连接线</td></tr>
<tr><td>标注图示</td><td colspan="9">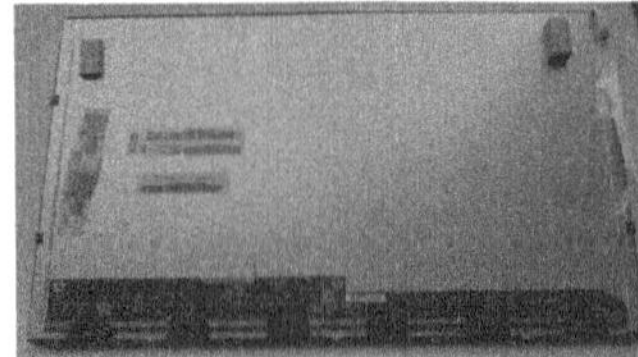
图 1　将驱动板对准安装孔

图 2　固定好螺钉</td></tr>
</table>

作业指导书

公司名称：　　　　　　　　　　　　　　　　　　　　　　　　　　　　编制日期：

<table>
<tr><td>机型</td><td></td><td>模组料号</td><td></td><td>文件编号</td><td></td><td>生产线名称</td><td></td><td>工位号</td><td></td></tr>
<tr><td>工序名称</td><td colspan="2">驱动板与 LED 线贴胶纸</td><td colspan="5">作业内容要求</td><td>作业人数</td><td>1</td></tr>
<tr><td>序号</td><td>物料编号</td><td>物料数量</td><td colspan="5"></td><td colspan="2">工具参数要求</td></tr>
<tr><td>1</td><td></td><td>黑色胶纸</td><td colspan="5">整个驱动板贴上黑胶纸，以起固定与保护作用，如图 1 和图 2 所示</td><td colspan="2" rowspan="4">戴白色棉手套
戴防静电手环
穿防静电衣服
戴口罩
电批的力矩要求为：
3.5±0.5（kgf.cm）</td></tr>
<tr><td></td><td></td><td>玻璃胶纸</td><td colspan="5">把 LED 灯的连接线用玻璃胶纸固定好，如图 2 所示</td></tr>
<tr><td></td><td></td><td></td><td colspan="5"></td></tr>
<tr><td colspan="3">注意事项</td><td colspan="5">1）贴黑胶纸时，要对准位置一次性贴到位，切勿贴偏，以防返工损坏液晶板的连接线；
2）小心操作，切勿损坏驱动板及其连接线；
3）要按照粘贴规范要求进行操作</td></tr>
<tr><td>标注图示</td><td colspan="9">
图 1　在驱动板上贴黑胶纸

图 2　贴好黑胶纸、固定好 LED 灯线</td></tr>
</table>

作业指导书

公司名称：　　　　　　　　　　　　　　　　　　　　　　　　　　　　编制日期：

<table>
<tr><td>机型</td><td></td><td>模组料号</td><td></td><td>文件编号</td><td></td><td>生产线名称</td><td></td><td>工位号</td><td></td></tr>
<tr><td>工序名称</td><td colspan="2">前面框贴海绵密封条</td><td colspan="5">作业内容要求</td><td>作业人数</td><td>1</td></tr>
<tr><td>序号</td><td>物料编号</td><td>物料数量</td><td colspan="5"></td><td colspan="2">工具参数要求</td></tr>
<tr><td>1</td><td></td><td>前面框 1 个</td><td colspan="5">取前面框放于工作台海绵垫上，检查是否有凹陷、变形等情况</td><td colspan="2" rowspan="4">戴白色棉手套
戴防静电手环
穿防静电衣服
戴口罩
剪刀</td></tr>
<tr><td></td><td></td><td>海绵密封条 4 条</td><td colspan="5">取海绵密封条贴于前框内部四周位置，如图 1 和图 2 所示</td></tr>
<tr><td></td><td></td><td></td><td colspan="5">完成情况如图 3 所示</td></tr>
<tr><td colspan="3">注意事项</td><td colspan="5">1）密封条要贴正，不能贴到边缘外面，不能有跷边等情况；
2）四角的海绵条不能交叉，如过长，要用剪刀剪除；
3）海绵密封条的作用是：对液晶模组屏与液晶电视机前面框之间的缝起密封作用，并有防震功能</td></tr>
<tr><td>标注图示</td><td colspan="9">
图 1　四周贴海绵密封条

图 2　四周贴海绵密封条

图 3　完成情况</td></tr>
</table>

作业指导书

公司名称： 编制日期：

<table>
<tr><td>机型</td><td></td><td>模组料号</td><td></td><td>文件编号</td><td></td><td>生产线名称</td><td></td><td>工位号</td><td></td></tr>
<tr><td>工序名称</td><td colspan="2">装面板按钮组件</td><td colspan="5">作业内容要求</td><td>作业人数</td><td>1</td></tr>
<tr><td>序号</td><td>物料编号</td><td>物料数量</td><td colspan="5"></td><td colspan="2">工具参数要求</td></tr>
<tr><td>1</td><td></td><td>面板按钮组件</td><td colspan="5">取面板按钮组件，如图 1 所示</td><td colspan="2" rowspan="4">戴白色棉手套
戴防静电手环
穿防静电衣服
戴口罩
电批的力矩要求为：
3.5±0.5（kgf.cm）</td></tr>
<tr><td></td><td></td><td>螺钉</td><td colspan="5">取螺丝固定面板按钮组件到前面板安装位置板上，安装位置如图 2 所示</td></tr>
<tr><td></td><td></td><td></td><td colspan="5">共应安装 2 个螺钉，完成情况如图 3 所示</td></tr>
<tr><td colspan="3">注意事项</td><td colspan="5">1）按顺序取一颗螺钉打一颗，不能出现漏打、打偏和滑牙等情况；
2）面板按钮组件安装好后，按动按钮时，手感应灵活自如</td></tr>
<tr><td>标注图示</td><td colspan="9">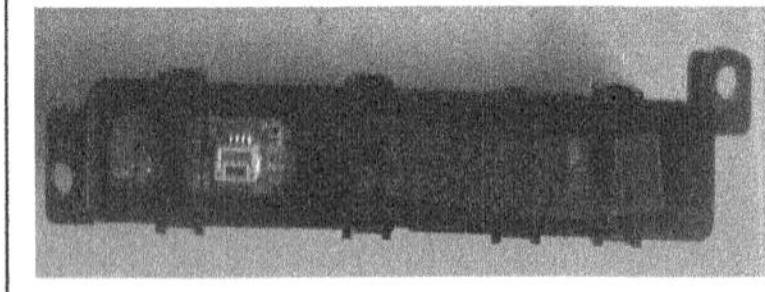 图 1　面板按钮组件
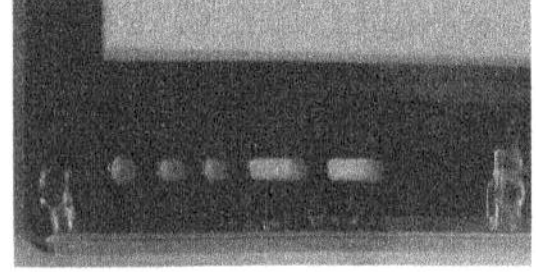 图 2　前面框安装位置
 图 3　安装完成情况</td></tr>
</table>

作业指导书

公司名称： 编制日期：

<table>
<tr><td>机型</td><td></td><td>模组料号</td><td></td><td>文件编号</td><td></td><td>生产线名称</td><td></td><td>工位号</td><td></td></tr>
<tr><td>工序名称</td><td colspan="2">装液晶模组屏到前面框上</td><td colspan="5">作业内容要求</td><td>作业人数</td><td>1</td></tr>
<tr><td>序号</td><td>物料编号</td><td>物料数量</td><td colspan="5"></td><td colspan="2">工具参数要求</td></tr>
<tr><td>1</td><td></td><td>液晶模组屏</td><td colspan="5">取加工好的前面框放于海绵垫上，如图 1 所示</td><td colspan="2" rowspan="4">戴白色棉手套
戴防静电手环
穿防静电衣服
戴口罩
电批的力矩要求为：
3.5±0.5（kgf.cm）</td></tr>
<tr><td></td><td></td><td>加工好的前面框</td><td colspan="5">取液晶模组屏放于前面框内，如图 2 所示</td></tr>
<tr><td></td><td></td><td></td><td colspan="5">取压屏用的塑料扣子扣在左右两边的安装位上，如图 3 所示，并上好螺钉，共有 4 个螺钉</td></tr>
<tr><td colspan="3">注意事项</td><td colspan="5">1）液晶模组屏 4 个角与前面框定位缺口完全对准后，才能放下液晶模组屏；
2）按顺序取一颗螺钉打一颗，不能出现漏打、打偏和滑牙等情况</td></tr>
<tr><td>标注图示</td><td colspan="9"> 图 1　加工好的前面框
 图 2　液晶模组屏
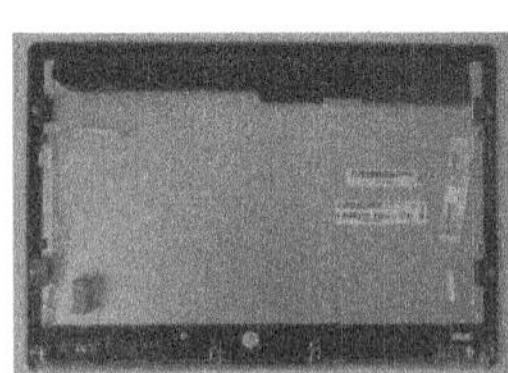 图 3　安装完成情况</td></tr>
</table>

作业指导书

公司名称：　　　　　　　　　　　　　　　　　　　　　　　　　　　　编制日期：

<table>
<tr><td>机型</td><td></td><td>模组料号</td><td></td><td>文件编号</td><td></td><td>生产线名称</td><td></td><td>工位号</td><td></td></tr>
<tr><td>工序名称</td><td colspan="2">装电路板</td><td colspan="5">作业内容要求</td><td>作业人数</td><td>3</td></tr>
<tr><td>序号</td><td>物料编号</td><td>物料数量</td><td colspan="5"></td><td colspan="2">工具参数要求</td></tr>
<tr><td>1</td><td></td><td>主电路板 1 块</td><td colspan="5">把主电路板准确放置于前面框的安装位置上，上紧 6 个螺钉</td><td colspan="2" rowspan="4">戴白色棉手套
戴防静电手环
穿防静电衣服
戴口罩
电批的力矩要求为：
3.5±0.5（kgf.cm）</td></tr>
<tr><td></td><td></td><td>LDE 驱动电路板 1 块</td><td colspan="5">按照 LED 驱动电路板的安装位置，取电路板装到背板底部，上紧 2 个螺钉，安装好 LED 驱动电路板</td></tr>
<tr><td></td><td></td><td>开关稳压电源板 1 块</td><td colspan="5">按照开关稳压电源的安装位置，安装好开关稳压电源板，上紧 4 个螺钉，最后完成情况如图 2 所示</td></tr>
<tr><td colspan="3">注意事项</td><td colspan="5">1）按顺序取一颗螺钉打一颗，不能出现漏打、打偏和滑牙等情况；
2）LED 驱动电路板的方向不能装反</td></tr>
<tr><td>标注图示</td><td colspan="9">
图 1　装好液晶模组屏的前面板

图 2　安装完成情况</td></tr>
</table>

作业指导书

公司名称：　　　　　　　　　　　　　　　　　　　　　　　　　　　　编制日期：

<table>
<tr><td>机型</td><td></td><td>模组料号</td><td></td><td>文件编号</td><td></td><td>生产线名称</td><td></td><td>工位号</td><td></td></tr>
<tr><td>工序名称</td><td colspan="2">装电路板连接线</td><td colspan="5">作业内容要求</td><td>作业人数</td><td>3</td></tr>
<tr><td>序号</td><td>物料编号</td><td>物料数量</td><td colspan="5"></td><td colspan="2">工具参数要求</td></tr>
<tr><td>1</td><td></td><td>LVDS 屏连接线 1 条</td><td colspan="5">LVDS 连接线头对准连接座的位置，左右均衡用力推，直至卡口卡住为止，如图 1 所示</td><td colspan="2" rowspan="5">戴白色棉手套
戴防静电手环
穿防静电衣服
戴口罩
电批的力矩要求为：
3.5±0.5（kgf.cm）</td></tr>
<tr><td></td><td></td><td>LED 等连接线</td><td colspan="5">LED 线导电光面朝下，把线推入座内，再按下卡口楔子，压紧连接线为止，如图 2 所示</td></tr>
<tr><td></td><td></td><td>主电路板连接线 1 条</td><td colspan="5">按图 3 所示安装好主电路板与 LED 驱动板之间的连接线，并用线扣固定好连接线</td></tr>
<tr><td></td><td></td><td>12V 电源连接线 1 条</td><td colspan="5">按图 3 所示安装好 12V 电源连接线</td></tr>
<tr><td colspan="3">注意事项</td><td colspan="5">1）连接线头需插到位，不能有插反、插错和错位等情况；
2）各连接线一定要连接可靠</td></tr>
<tr><td>标注图示</td><td colspan="9">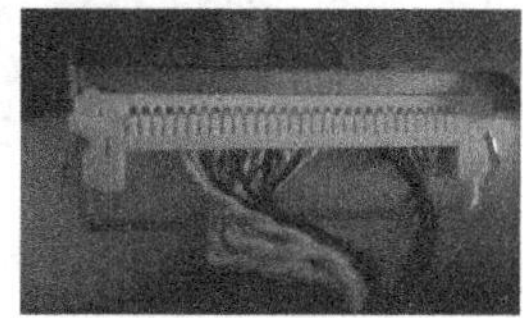
图 1　安装 LVDS 连接线
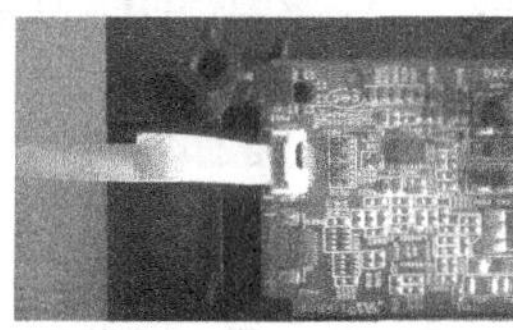
图 2　安装 LED 驱动连接线
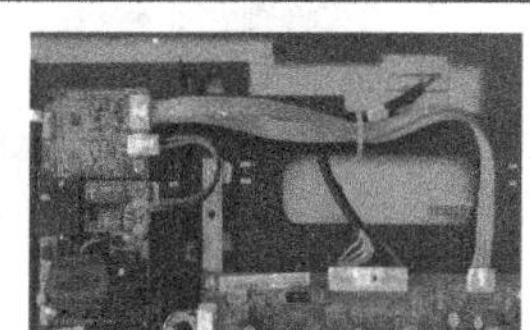
图 3　安装主电路板、12V 电源连接线</td></tr>
</table>

作业指导书

公司名称： 编制日期：

<table>
<tr><td>机型</td><td></td><td>模组料号</td><td></td><td>文件编号</td><td></td><td>生产线名称</td><td></td><td>工位号</td><td></td></tr>
<tr><td>工序名称</td><td colspan="2">安装扬声器及连接线
贴导电泡膜</td><td colspan="5">作业内容要求</td><td>作业人数</td><td>3</td></tr>
<tr><td>序号</td><td>物料编号</td><td>物料数量</td><td colspan="5"></td><td colspan="2">工具参数要求</td></tr>
<tr><td>1</td><td></td><td>扬声器连接线2对</td><td colspan="5">按照安装位置，安装并连接好两个扬声器的连接线，并用线扣扣好，如图1所示</td><td colspan="2" rowspan="3">戴白色棉手套
戴防静电手环
穿防静电衣服
戴口罩
电批的力矩要求为：
3.5±0.5（kgf.cm）</td></tr>
<tr><td></td><td></td><td>导电泡膜2个</td><td colspan="5">揭开导电泡膜的离型纸，贴好导电泡膜，左右各贴1个，如图2和图3所示</td></tr>
<tr><td colspan="3">注意事项</td><td colspan="5">1）连接线头要插到位，不能有插反、插错和错位等情况；
2）各个泡膜要粘贴可靠，确保液晶屏底板与液晶电视机外壳之间能可靠弹性连接</td></tr>
<tr><td>标注图示</td><td colspan="9">
图1 安装扬声器连接线

图2 导电泡膜

图3 左右两端贴导电泡膜</td></tr>
</table>

作业指导书

公司名称： 编制日期：

<table>
<tr><td>机型</td><td></td><td>模组料号</td><td></td><td>文件编号</td><td></td><td>生产线名称</td><td></td><td>工位号</td><td></td></tr>
<tr><td>工序名称</td><td colspan="2">安装后盖
安装脚支架</td><td colspan="5">作业内容要求</td><td>作业人数</td><td>3</td></tr>
<tr><td>序号</td><td>物料编号</td><td>物料数量</td><td colspan="5"></td><td colspan="2">工具参数要求</td></tr>
<tr><td></td><td></td><td>后盖1个</td><td colspan="5">取后盖，对准安装位置，放好后盖，用螺钉固定好，如图1所示</td><td colspan="2" rowspan="4">戴白色棉手套
戴防静电手环
穿防静电衣服
戴口罩
电批的力矩要求为：
3.5±0.5（kgf.cm）</td></tr>
<tr><td></td><td></td><td>脚支架1个</td><td colspan="5">取脚支架，对准安装位置，用螺钉固定好（4个螺钉），如图2所示</td></tr>
<tr><td></td><td></td><td>支架装饰盖1个</td><td colspan="5">装好支架装饰盖，用螺钉固定好（1个螺钉），如图3所示</td></tr>
<tr><td colspan="3">注意事项</td><td colspan="5">按顺序取一颗螺钉、打一颗螺钉，不能出现漏打、打偏和滑牙等情况</td></tr>
<tr><td>标注图示</td><td colspan="9">
图1 安装后盖

图2 安装脚支架

图3 安装支架装饰盖</td></tr>
</table>

任务实施

一、实习器材准备

液晶电视机、常用的防静电工具、常用的维修工具和指导书等。

二、液晶电视机整机拆装专题训练

1. 液晶电视机拆卸技能训练

按照整机装配工艺流程的逆顺序，对液晶电视机整机进行拆卸，拆卸时务必要小心细致。

2. 液晶电视机整机装配技能训练

按照装配流程，把已拆卸的液晶电视机整机重新装配回去，装配时务必要小心。

3. 装配工艺质量检查

对装配好的液晶电视机，检查其装配工艺质量。

项目八　液晶电视机画质检测技能训练

【教学目标】

1）了解液晶电视机画质的特点。

2）掌握液晶电视机画质检测的方法。

【工作任务】

对液晶电视机的画质进行检测。

相关知识

液晶电视机的液晶屏模组装配完成后，就应对液晶屏模组的装配质量进行检测，各项参数符合要求后才能进行整机组装。液晶屏模组检测的项目主要有液晶屏漏液检测、液晶屏黑点与黑影检测、液晶屏白点与漏光检测、液晶屏亮度均匀度检测和纯蓝（屏）画面检测等方面。

一、液晶屏漏液检测

检测的目的：主要检测液晶屏各个像素之间的分割隔离情况。

1. 检测环境要求

环境照明用的照度为 50Lux 以下。

2. 使用的信号源

使用专用的信号：输出 30%灰场、15 宫格的 LVDS 信号。

3. 操作方法

1）连接好背光源的电源线和 LVDS 信号线。连接时应严禁进行热插拔操作。

2）背光源通电，点亮背光灯；给信号源通电，把信号输入液晶屏模组中。

3）操作者按照标注的顺序 1～5，用加压棒按压屏幕上各个宫格的位置，力度为 $2kg/cm^2$，每次按压时间为 3s，观察屏幕被压部分、屏四周边框的变化，如图 8-1 所示。

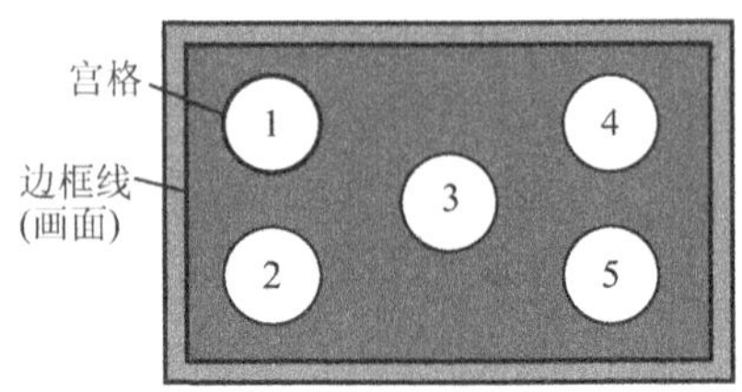

图 8-1 液晶屏漏液检测

4. 合格标准

每次按压离开后，若屏幕被压部分能马上恢复原样，屏幕上水印随即消失，不会出现彩线，屏幕四周画面的边框线无断点，则模组屏质量良好。否则液晶屏存在漏液的质量问题。

二、液晶屏黑点与黑影检测

检测目的：主要检测液晶电视机在接收全白画面信号时，出现黑点与黑影的情况。

1. 检测环境要求

环境照明用的照度为 50Lux 以下。

2. 使用的信号源

使用专用的信号：输出全白场的 LVDS 信号。

3. 操作方法

1）连接好背光源的电源线和 LVDS 信号线。连接时应严禁进行热插拔操作。

2）给背光源通电，点亮背光灯；给信号源通电，把信号输入液晶屏模组中。

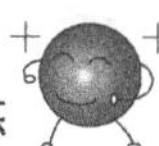

3）对整个屏幕进行目视检测。

4. 合格标准

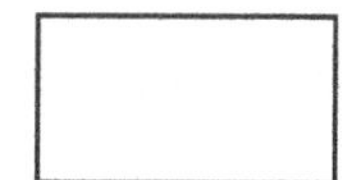

图 8-2　液晶屏黑点与黑影检测

整个屏幕出现的黑点数应小于 5 个，不能出现灯影、黑影。当黑点数超过 5 个、出现灯影或黑影时，液晶模组屏为不合格产品。出现黑影为像素受异物压迫所致，出现灯影或黑影为背光灯条装配不当所致，如图 8-2 所示。

三、液晶屏白点与漏光检测

检测目的：主要检测液晶电视机在接收全黑画面信号时，出现白点与漏光的情况。

1. 检测环境要求

环境照明用的照度为 50Lux 以下。

2. 使用的信号源

使用专用的信号：输出全黑场的 LVDS 信号。

3. 操作方法

1）连接好背光源的电源线和 LVDS 信号线。连接时应严禁进行热插拔操作。
2）背光源通电，点亮背光灯；给信号源通电，把信号输入液晶屏模组中。
3）对整个屏幕、屏幕的四周进行检测。

4. 合格标准

整个屏幕不出现亮点、屏幕四周的漏光应小于 1nit、屏幕没有刮伤、气泡时，液晶模组屏是良好的。屏幕四周有漏光情况出现，一般是屏幕四周的塑胶边封条、均光板等器件安装不正确所致，如图 8-3 所示。

图 8-3　液晶屏白点与漏光检测

四、液晶屏亮度均匀度检测

检测目的：主要检测液晶电视机在接收灰度画面信号时，液晶屏的发光情况。

1. 检测环境要求

环境照明用的照度为50Lux以下。

2. 使用的信号源

使用专用的信号：输出30%灰场的LVDS信号。

3. 操作方法

1）连接好背光源的电源线和LVDS信号线。连接时应严禁进行热插拔操作。
2）背光源通电，点亮背光灯；给信号源通电，把信号输入液晶屏模组中。
3）对整个屏幕进行检测。

4. 合格标准

整个液晶屏不能出现阴阳面（画面大面积不均匀）、MURA现象（波纹状现象）、水平横条（线）、垂直竖条（线）、灯影和闪烁等情况，否则液晶屏模组质量不良好。如出现上述情况，一般是均光板、灯条安装不好或有污痕所致，如图8-4所示。

图8-4 液晶屏亮度均匀度检测

五、纯蓝（屏）画面检测

检测目的：类似CRT电视机的色纯度检测，主要检测液晶电视机在接收蓝基色画面信号时，液晶屏的发光情况。

1. 检测环境要求

环境照明用的照度为50Lux以下。

2. 使用的信号源

使用专用的信号：输出纯蓝场的LVDS信号。

3. 操作方法

1）连接好背光源的电源线和LVDS信号线。连接时应严禁进行热插拔操作。

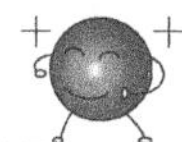

2）背光源通电，点亮背光灯；给信号源通电，把信号输入液晶屏模组中。

3）对整个屏幕进行检测。

4. 合格标准

不能出现阴阳面画面、水平横条（线）、垂直竖条（线）、圆形条纹等情况。如出现上述情况，一般是均光板、灯条未安装好、有污痕、有异物所致，如图 8-5 所示。

图 8-5　液晶屏纯屏画质检测

纯红（屏）画面、纯绿（屏）画面的检测方法与要求与纯蓝（屏）画面检测相同。

任务实施

一、实习器材准备

液晶电视机、常用的防静电工具、常用的维修工具、指导书和信号源等。

二、液晶电视机画质检测专题训练

按照液晶电视机画质检测的要求，对液晶电视机的下列项目进行检测。

1）液晶屏漏液检测。

2）液晶屏黑点与黑影检测。

3）液晶屏白点与漏光检测。

4）液晶屏亮度均匀度检测。

5）纯蓝（屏）画面检测。

第三篇　单元电路的工作原理与维修技能训练

本篇将结合 TCL-L19P21 型液晶电视机具体的机型，系统介绍液晶电视机开关稳压电路、高频头电路、伴音电路、LVDS 信号传输电路、VGA 接口电路、HDMI 接口电路、背光控制电路和整机调试等方面的内容。

通过学习，掌握各部分电路的工作原理、关键点电参数的测试方法、调试方法、维修方法，以全面提升学习液晶电视机的知识与技能水平。

项目九　开关稳压电路的工作原理与维修技能训练

【教学目标】

1）掌握液晶电视机开关稳压电路的工作原理。

2）掌握液晶电视机开关稳压电路的测试与维修方法。

【工作任务】

1）会分析液晶电视机开关稳压电路的工作原理。

2）对液晶电视机开关稳压电路进行测试与维修。

相关知识

开关稳压电源以其转换效率高、易于模块化设计、重量轻和体积小等优点被广泛应用于各类电子设备中。一般的 LCD TV 的稳压电路都是把电网提供的 220V/50Hz 的交流电压转换成 5V、12V 的直流电压输出，向 LCD TV 各电路供电。开关稳压电路的稳压原理都是把通过取样反馈闭环回路产生的误差电压放大之后，再转变为 PWM 信号，利用 PWM 信号，调整开关管开关时间的比例，即占空比，以达到稳定输出电压的目的。

完整的开关稳压电路的组成：热地侧电路主要由 AC220V 整流、滤波电路、主芯片振荡电路、开关管和稳压取样反馈电路等部分组成；冷地侧电路主要由整流、滤波电路和稳压取样电路等部分组成。

TCL19P21 型机采用 Fairchild 公司生产的 FAN6754 作为核心元件来实现直流稳压输出，FAN6754 是高度集成的绿色模式（Green-Mode）PWM 控制器，待机状态下的工作电流为 1.7mA，PWM 信号的固定频率为 65kHz，可线性地降低到 22kHz。

一、FAN6754 的引脚功能及应用电路

1. FAN6754 的引脚功能

FAN6754 各引脚的名称和功能如表 9-1 所示。

表 9-1　FAN6754 引脚名称和功能表

引脚	1	2	3	4	5	6	7	8
名称	GND	FB	NC	HV	RT	SENSE	VDD	GATE
功能	接地	输出反馈	空脚	启动电源	定时振荡	过流检测	供电	驱动信号输出

2. FAN6754 的应用电路

TCL19P21 型液晶电视机的 FAN6754 实际应用电路如图 9-1 所示。

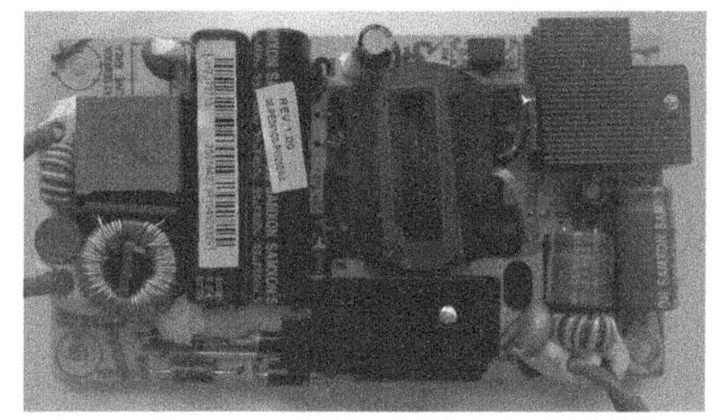

（a）由 FAN6754 构成的稳压电路实物图

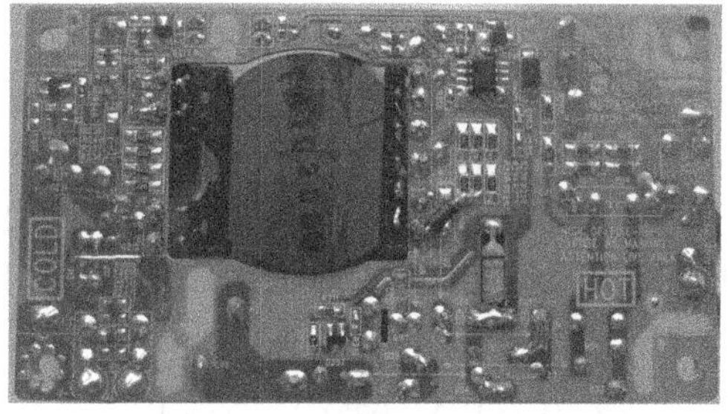

（b）由 FAN6754 构成的稳压电路印制板图

图 9-1　FAN6754 实际应用电路

二、稳压电路的工作原理

1. 电源输入滤波电路的工作原理

公共的电源电网中往往存在不少的干扰信号，这些干扰信号应该滤掉，不让其进入开关稳压电路；另外，开关稳压电路本身也会产生干扰信号，这些干扰信号也应滤掉，不让其进入公共电网。故开关稳压电路都设置有电源输入滤波电路，以把各种干扰信号滤掉。

电源输入滤波电路是一个典型的低通滤波器，能使开关电源产生的高频脉冲干扰经过它后得到极大地衰减，能较好地滤除来源于电网的干扰，使其符合 FCC、CE 等标准。TCL19P21 型液晶电视机的应用电路如图 9-2 所示。

T_1、T_2 为共模扼流圈，是绕在同一磁环上的两只独立的线圈，圈数相同，绕向相反，在磁环中产生的磁通相互抵消，磁芯不会饱和，主要抑制共模干扰，即火线和零线分别与地之间的干扰，电感值越大对低频干扰抑制效果越佳。C_1 为差模滤波电容，主要抑制

差模干扰，即抑制火线和零线之间的干扰，电容值越大，对低频干扰抑制效果越好。为了提高滤波效果，有时稳压电路有多个滤波电容。

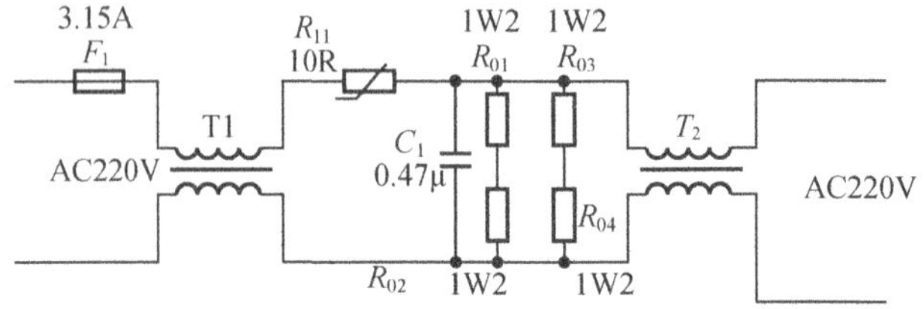

图 9-2 电源输入滤波电路

图中 P_1 为插座，接电网电压。F_1 为保险丝，电流过大时会熔断，可防止开关稳压电路出现短路性故障时对电网的破坏。R_{11} 为负温度系数热敏电阻，开机瞬间温度低、阻抗较大，以防止开机电流对电网回路的浪涌冲击。R_{01}、R_{02}、R_{03}、R_{04} 对抗干扰电容的电荷起泄放作用，可在关机后迅速消耗掉 C_1 储存的电能，快速恢复差模电容的功能。

2. 稳压电路启动原理

（1）FAN6754（U400A）启动的供电

接通 AC 电源后，电网的一条线经过 R_{251}、R_{252} 串联分压、D_{251} 半波整流后加到 FAN6754 的第 4 脚，再通过地线、D_3 二极管，与电网的另一条线构成回路，完成启动端的供电。

（2）开关管 Q_1 漏极 D 的供电

AC 电源经过 D_1、D_2、D_3、D_4 整流，电容 CE_1、CE_2 滤波后，通过开关变压器 TS_1 的初级绕组后，加到开关管 Q_1 的漏极，完成供电过程。

上述两处供电正常后，开关电路开始启动工作。

（3）FAN6754 正常工作时的供电

开关电路启动后，TS_1 另一个绕组感应的电压经过 D_{252} 整流、R_{245} 与 R_{246} 限流、电容 C_{254}、C_{256} 滤波后，加到 FAN6754 的 7 脚，作为 FAN6754 正常工作的供电。

3. 各种保护电路的工作原理

TCL19P21 型液晶电视机的开关稳压电路有电网过压、电网欠压、开关管过流、开关管防击穿和 12V 稳压输出过流（负载短路）五个方面的保护。

（1）电网过压与欠压保护的工作原理

参见图 9-3，稳压 FAN6754 的 4 脚 HV 端子输入的电压有两个作用。一是作为启动电压；二是作为电网电压是否正常的取样电压。当电网电压高于 260V 或低于 180V 时，过压保护（OVP）或欠压保护（UVLO）比较器电路的输出电平会翻转，使驱动信号停止输出，稳压电路不工作。

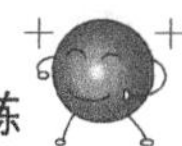

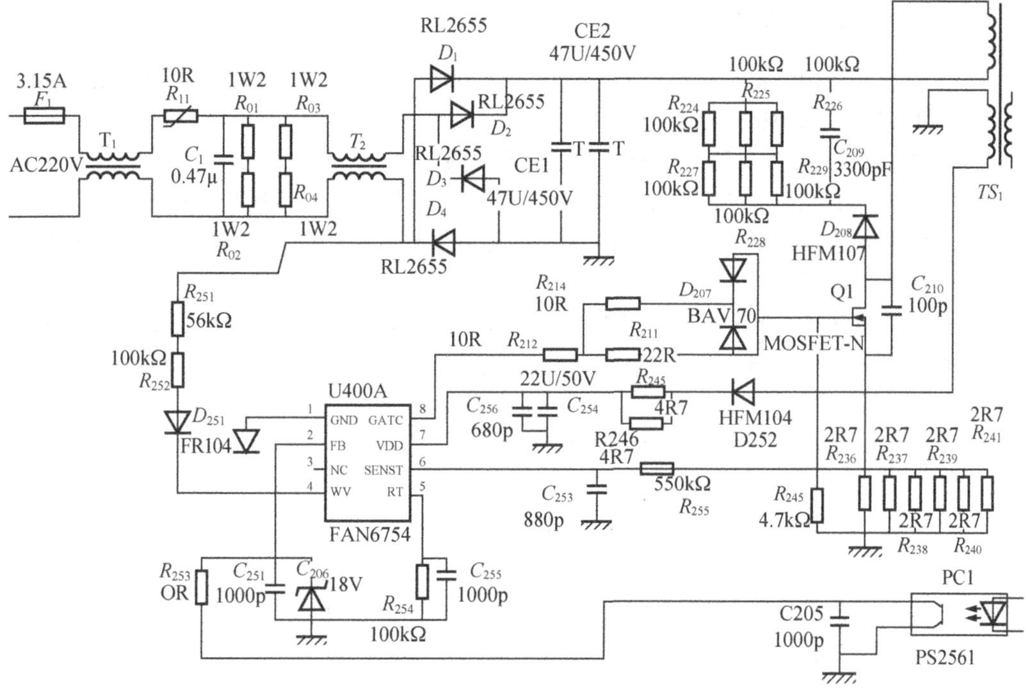

图 9-3　开关管过流、过压保护

（2）开关管过流保护的工作原理

参见图 9-3，稳压电路 FAN6754 的 6 脚为开关管过流保护检测输入脚，电网整流后的电压经过开关变压器初级绕组，加到开关管 Q_1 的漏极，通过源极串接电阻后与地构成回路，源极电流在 R_{236}、R_{237}、R_{238}、R_{239}、R_{240}、R_{241} 上产生的压降代表了开关管的工作状态，这个检测电压经过 R_{255}、C_{253} 积分后加到 FAN6754 的 6 脚。稳压 FAN6754 的 6 脚内部有比较器电路，检测到该脚电压过高时，比较器输出结果，使驱动信号停止输出，稳压电路不工作。

（3）开关管防击穿保护的工作原理

开关管 Q_1 是工作在开关状态的，因源极串接有初级线圈，电流的通断会在线圈两端产生很高的感应电压，在开关管截止期间，该感应电压与电网电压相叠加后，大大超过 300V，加在开关管的漏极上，极易使开关管击穿损坏。如图 9-3 所示，为防止出现这种情况，在开关管的源极上加上 R_{224}、R_{225}、R_{226}、R_{227}、R_{228}、R_{229}、D_{208}、C_{209}、C_{210} 元件，把感应电压滤波下地而起保护作用。开关管栅极所接的元件 R_{245}、R_{211}、R_{212}、R_{214}、D_{207} 为栅极偏置元件，其中二极管起温度补偿作用。

（4）稳压输出 12V 过流（负载短路）保护电路的工作原理

稳压 FAN6754 的 2 脚 FB 端子输入的信号有两个作用。一是作为稳压输出 12V 的取样信号；二是作为负载是否正常的取样信号。当该脚检测到的光电流下降过多时，内部比较器输出结果，使驱动信号停止输出，稳压电路不工作。

4. 高精密三端稳压集成电路 TL431

很多开关稳压电路都采用高精密度稳压集成电路 TL431，作为稳压取样的基准元件，现将该器件的有关知识介绍如下。

（1）TL431 的等效电路、电路符号、封装引脚

TL431 是 TL 公司研制开发的并联型三端稳压基准。由于其封装简单（如小功率晶体管）、参数优越（高精度、低温漂）、性价比高（民品 1.3～1.5 元/只），近年来在国外已经得到了广泛应用。

其等效功能框图如图 9-4（a）所示。其内部比较放大器的基准电压为 2.5V，其封装引脚如图 9-4（c），电路符号如图 9-4（b）所示。

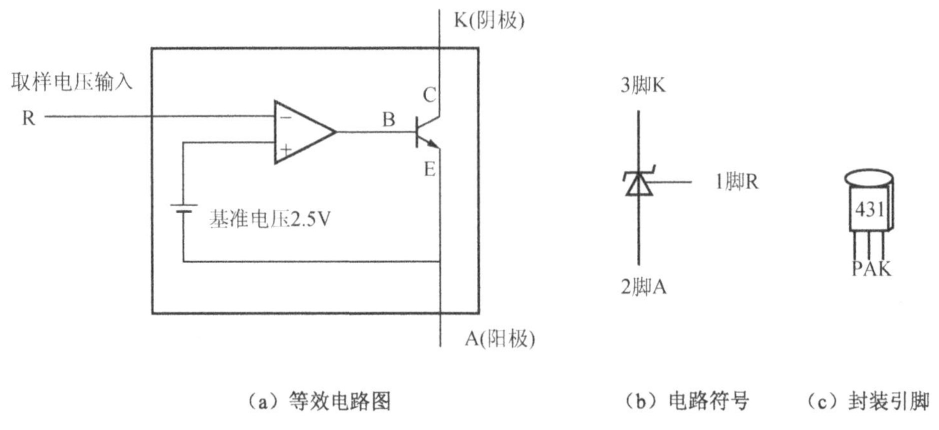

（a）等效电路图　（b）电路符号　（c）封装引脚

图 9-4　TL431 的等效电路、电路符号、封装引脚

TL431 尾缀字母表示产品级别及工作温度范围，C 为商业品（－10～＋70℃），I 为工业品（－40～＋85℃），M 为军品（－55～＋125℃）。

（2）TL431 的技术指标

内部基准电压温漂小：$\leqslant \pm 50\times 10^{-6}$/℃。

内部基准电压精度高：2.5V±1%。

输出噪声电压（即 K、A 间的电压）低：$\leqslant 100\mu V_{pp}$。

稳压输出范围（即 K、A 间的电压）宽：2.5～36V 连续可调。

负载电流范围（即 K、A 间的电流）大：1.0～100mA。

（3）TL431 的特性

TL431 的作用与普通稳压二极管作用非常相类，但普通稳压二极管的稳定性较差，负载能力小，输出的端电压是不能调节的，是固定电压，而 TL431 稳压元件基准温漂小、稳定性好，又有相当的负载能力，且输出电压可以调节，通过改变 R_1 与 R_2 的比值，就能很容易地改变其输出的电压值，如图 9-5 所示。

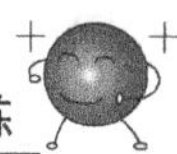

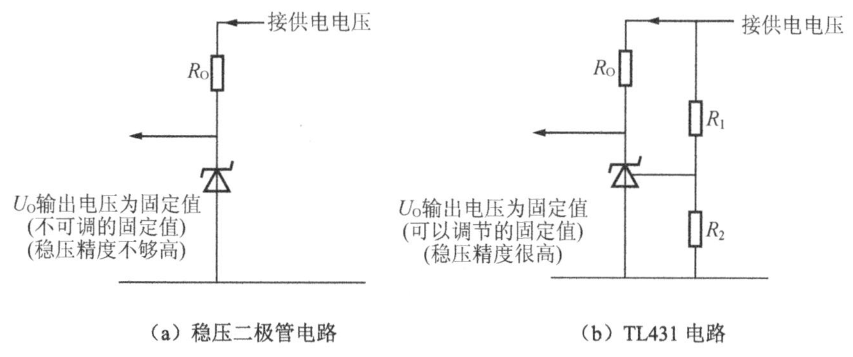

（a）稳压二极管电路　　　（b）TL431 电路

图 9-5　TL431 的特性

TL431 典型应用接线如图 9-6 所示，输出电压由下式确定：

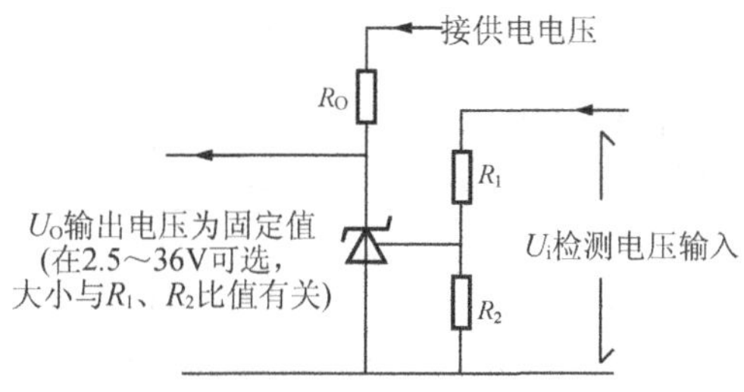

图 9-6　TL431 典型接线图

$$U_o=[1+（R_1/R_2）]VR \quad (VR=2.5V)$$

其电压调节范围为 2.5～36V，当 R_1 短路或 R_2 断路时，U_o=VR=2.5V；电流动态范围为

$$0\sim[（U_i-U_o）/R_o-1]mA$$

（4）使用 TL431 的注意事项

抗干扰的问题。由于 TL431 有较高的开环增益且响应速度快，取样点（R_1、R_2 的连接点）离两极（K、A）较远时，电路容易产生超调自激，使用时要引起注意。在电路中应加滤波电容等元件，提高抗干扰、抑制自激的能力，调试时要合理选取参数。

取样电阻的问题。取样电阻的选材及布放会直接影响到稳压精度和温度特性，所以必须选用温度系数小、噪声低、功率余量大的同型号精密电阻，如 RJJ 等。

耐压及功耗的问题。由于 TL431 所能承受的耗散功率较小（常规为 900mW，少数厂家的塑封管小于 500mW），当其在高温、高压或大电流条件下使用时，要注意通风、散热的安全性。

（5）实际应用电路比较

利用光耦器与普通稳压二极管来构成稳压取样的电路，如图 9-7（a）所示，该电路中，稳压二极管两端的电压不能改变，且稳压精度差一些，故常用在要求不太高的场合。

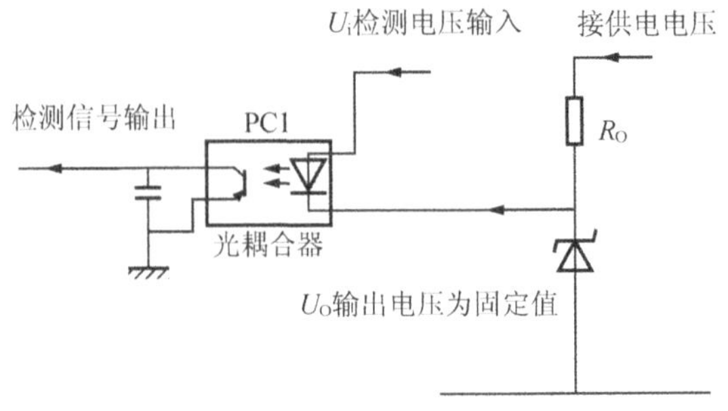

（a）用稳压二极管做基准的电路

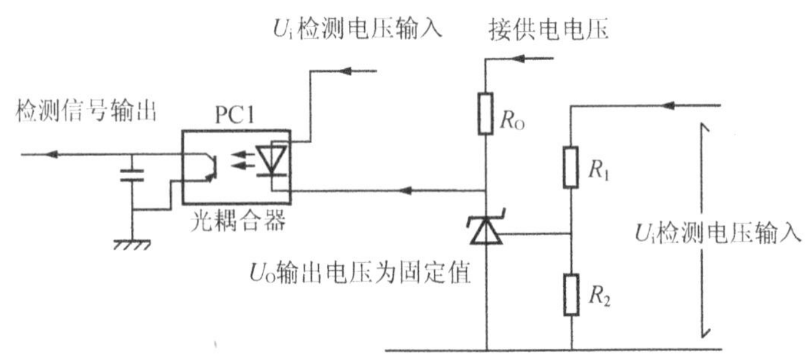

（b）用TL431做基准的电路

图 9-7　实际应用电路比较

高性能的开关稳压电路都采用 TL431 作为基准稳压元件，如图 9-7（b）所示。图中用 TL431 输出的稳定电压作为光耦合器内部发光二极管负极的电压，即作为基准电压固定不变，光耦器发光二极管的正极接检测电压，当开关稳压电路输出的电压发生变化时，光耦器发光二极管正极电压就会发生变化，光耦器两端的电压差就发生变化，其发光强度就会改变，光耦器输出端的电流也就不同，从而完成稳压信号的检测。

5. 实际应用电路的稳压原理

TCL19P21 型液晶电视机的 TL431 实际应用电路如图 9-8 和图 9-9 所示，图中开关稳压电路 L_2 之后输出的 12V 电压经 R_{221} 与 R_{216} 串联分压后，分到的电压约为 2.5V，加到 TL431 的 R 端子。开关稳压电路 L_2 之前的 12V 电压，经 R_{216} 加到光耦器发光二极管的正极，经 R_{217} 后加到 TL431 的阴极 K 与光耦器发光二极管的负极，完成开关稳压电路 12V 输出电压的取样任务。

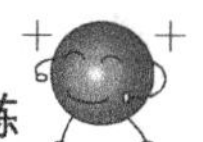

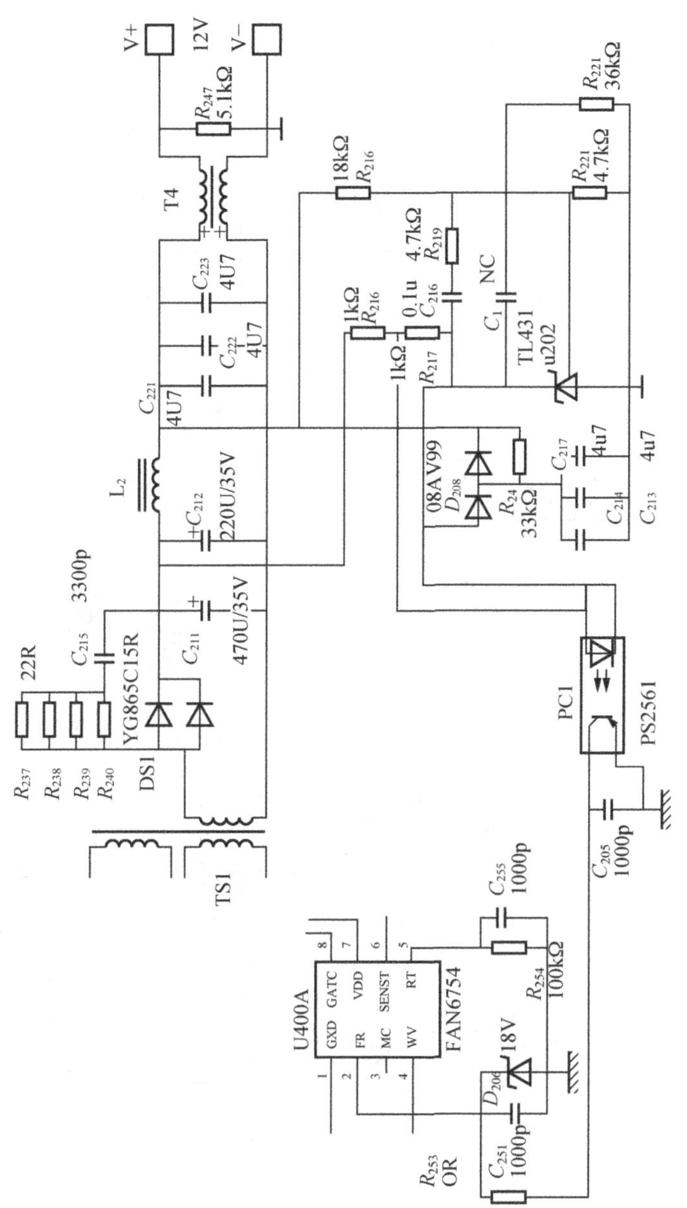

图 9-8　实际应用电路的稳压原理

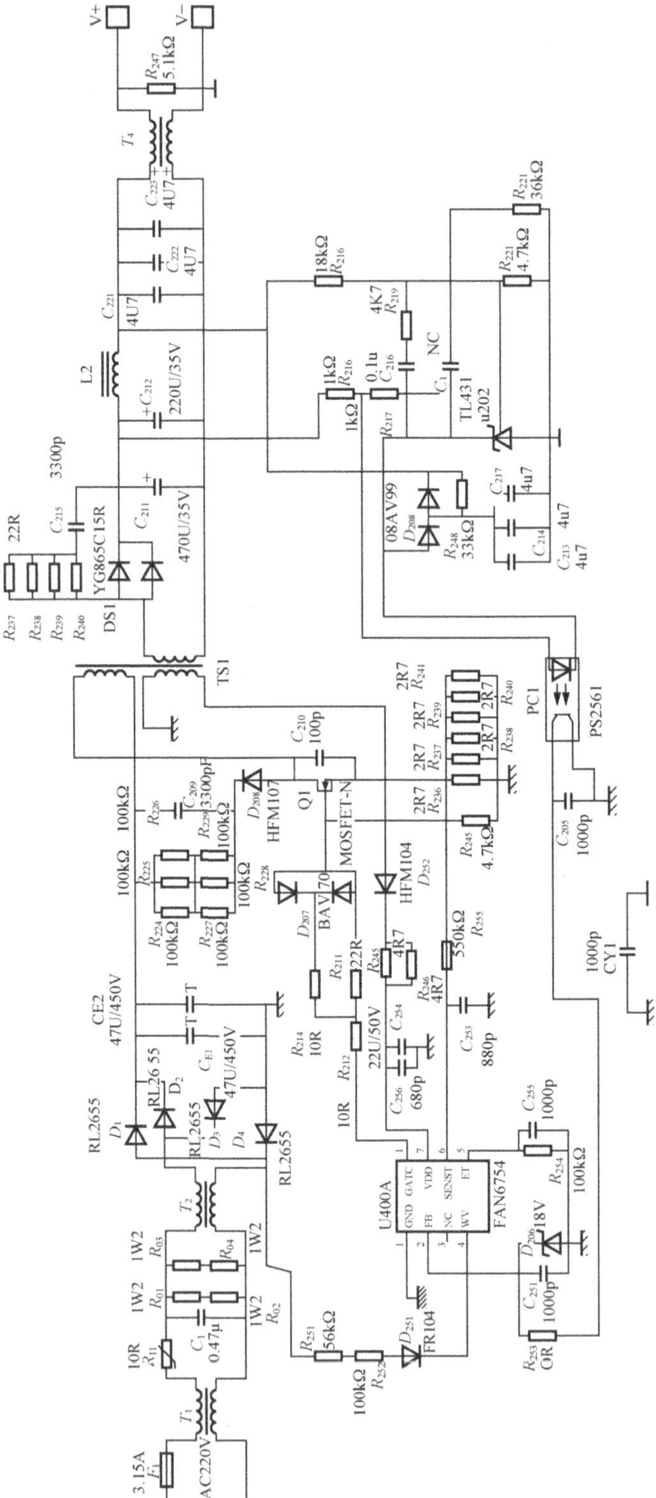

图 9-9 液晶电视机稳压电路原理图

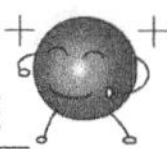

负载由满载转向空载时，引起输出 12V 的电压上升，U202（TL431）的 R 点的电压将上升，R 点的输入电压与内部的基准电压进行比较放大，使 U202 的 A、K 间的电压稳定不变。由于发光二极管正极的电压也是上升的，这将引起 A、K 间的电流增大，光耦内发光管上的电流增大，光耦内光敏管上的电流也增大，光耦内光敏管相当于一个可变电阻，与 R_{253} 串联起来接到 FAN6754 的 2 脚，此时光耦（PC_1）内光敏管电阻变小，引起 FAN6754 振荡频率降低，使输出电压下降。

反之，负载由空载转向满载时，输出电压降低，反馈到 2 脚，引起 FAN6754 振荡频率升高，调节输出电压升高，实现稳压的目的。

图中 C_{213}、C_{214}、C_{207}、C_{216}、C_1、R_{248}、D_{208} 等元件为 TL431 的保护元件，R_{217} 并联于发光二极管的两端，对电流起分流作用，防止发光二极管的电流过大而被烧毁。

任务实施

一、实习器材准备

液晶电视机、常用的防静电工具、常用的维修工具和指导书等。

二、液晶电视机开关稳压电路专题训练

1. 液晶电视机开关稳压电路主要元件的识读

对液晶电视机的主要元器件进行识读，记下元器件的编号和规格参数。

2. 绘制开关稳压电路电原理图

根据稳压电路的印制版图，绘制成电原理图。

3. 电阻参数的测试

万用表×kΩ挡，测试稳压 IC（FAN6754）的阻值，填写表 9-2。

表 9-2 IC（FAN6754）电参数测试表

引脚	1	2	3	4	5	6	7	8
名称	GND	FB	NC	HV	RT	SENSE	VDD	GATE
功能	接地	输出反馈	空脚	启动电源	定时振荡	过流检测	供电	驱动信号输出
正向电阻								
反向电阻								
工作电压								

4. 电压参数的测量

将电视机通电，注意分清冷地与热地，测试 IC（FAN6754）各个脚电压，填入表 9-2 中。

5. 取样稳压 IC（TL431）电阻值的测试

万用表×kΩ挡，测试 TL431 各脚的电阻值，结果填入表 9-3。

表 9-3　IC（TL431）电参数测试表

引脚	A	K	R
功能			
正向电阻			
反向电阻			
工作电压			

6. 取样稳压 IC（TL431）电压值的测试

将电视机通电，注意分清冷地与热地，测试取样稳压 IC（TL431）各个脚电压，填入表 9-3 中。

7. 故障模拟专题训练

设置几个典型的故障，按照一般开关稳压电路检修的方法进行检修，并做好维修记录。

8. 分析思考

1）稳压电路不启动，如何进行检修？
2）稳压电路输出电压偏高或偏低，如何进行检修？

项目十　DC/DC 直流稳压电路的工作原理与维修技能训练

【教学目标】

1）掌握液晶电视机各种直流稳压电路的工作原理。
2）掌握液晶电视机各种直流稳压电路的测试与维修方法。

【工作任务】

1）会分析液晶电视机直流稳压电路的工作原理。
2）对液晶电视机直流稳压电路进行测试与维修。

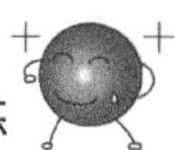

相关知识

一、DC/DC 变换原理

1. DC/DC 变换的含义

DC/DC 直流稳压电路，是指把电压较高的直流电压变换为电压较低的直流电压，这种变换称为 DC/DC 降压变换；也可以把电压较低的直流电压变换为电压较高的直流电压，这种变换称为 DC/DC 升压变换。在液晶电视机或 LED 照明电路中经常要用到这种变换，以适应不同供电的要求。

2. DC/DC 降压型稳压电路的工作原理

DC/DC 降压变换的方法有多种，按照电路结构来分，主要有分立元件型、78XX 与 79XX 系列三端稳压 IC 型、AS1117 系列型和开关电路变换型等稳压电路。

非开关电路变换型的各种 DC/DC 降压型稳压电路都有稳压精度不够高、输出电流不够大、转换效率不够高的缺点，为此而开发出开关型的 DC/DC 变换电路，这种电路的特点是体积小、效率高（可达 90%）、精度高、可提供的 3～5A 的大电流，特别适合液晶电视机、LED 灯条使用。

开关型的 DC/DC 降压稳压电路的工作原理如下。开关型的稳压变换电路都要通过振荡变换才能实现，参见图 10-1（a），由振荡电路产生的开关脉冲信号（PWM 信号），控制开关管 Q 工作在开关状态。输入脉冲信号为高电平时，开关管 Q 栅极为高电平，饱和导通，二极管 D 截止，输入的直流电压经过电感 L，向电容充电和负载供电，电流通过电感时会储存能量。输入脉冲信号为低电平时，开关管 Q 截止，电感感应出左负右正的感应电压，电容上的电压直接向负载供电，电感上感应的电压通过续流二极管 D 构成回路也向负载供电，维持负载上的电压不变。

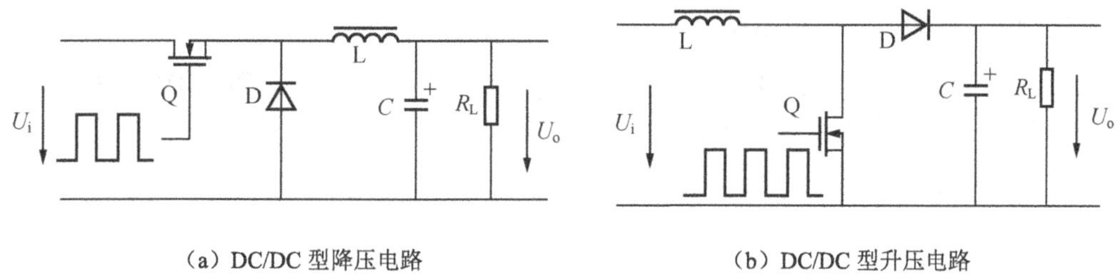

（a）DC/DC 型降压电路　　（b）DC/DC 型升压电路

图 10-1 开关型 DC/DC 变换电路

开关型 DC/DC 型降压稳压电路输出电压的高低，由加在开关管上脉冲的宽度、脉冲的频率决定，一般通过改变脉冲的宽度，即占空比来实现稳压，如图 10-2 所示。

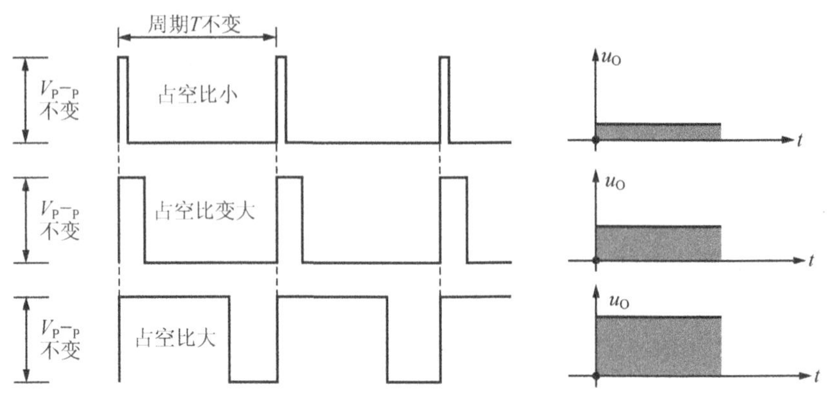

图 10-2　脉宽调压原理

3. DC/DC 升压型稳压电路的工作原理

DC/DC 型升压稳压电路要通过振荡变换才能实现。参看图 10-1（b），由振荡电路产生的开关脉冲信号（PWM 信号）控制开关管 Q 工作在开关状态。输入脉冲信号为高电平时，开关管 Q 饱和导通，当开关管饱和时，电感 L 与开关管 Q 构成回路，电感上有电流流过而储存电能，电压极性为左正右负，整流二极管 D 截止，电容 C 上储存的电能向负载放电。当开关管截止时，电感上产生的反向电动势的极性为左负右正，整流二极管 D 导通，电感 L、整流二极管 D 与负载构成回路，输入电压 U_i 与电感上产生的反向电动势 U_L 相叠加后一起向负载供电，同时向电容 C 充电，当忽略二极管的压降时，即有 $U_o=U_i+U_L$，显然 $U_o>U_i$，达到了升压的作用。

开关型 DC/DC 升压稳压电路输出电压的高低，由加在开关管上脉冲的宽度、脉冲的频率决定，也与电感 L 的电感量大小有关。一般也是通过改变脉冲的宽度，即占空比来实现稳压。

实用型的 DC/DC 升压变换电路请参看“液晶电视机背光灯驱动电路”部分。

二、实用的 DC/DC 降压型稳压电路

在液晶电视机电路中，DC/DC 变换主要有 24V/12V、12V/5V、5V/3.3V、3.3V/1.25V 这些变换，各种变换的工作原理如下。

1. 24V/12V 变换电路的工作原理

（1）电路工作原理图

24V/12V 变换主要适合于屏幕较大的液晶电视机，小屏幕电视机一般没有这个电路，电路的原理图如图 10-3 所示。

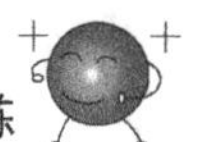

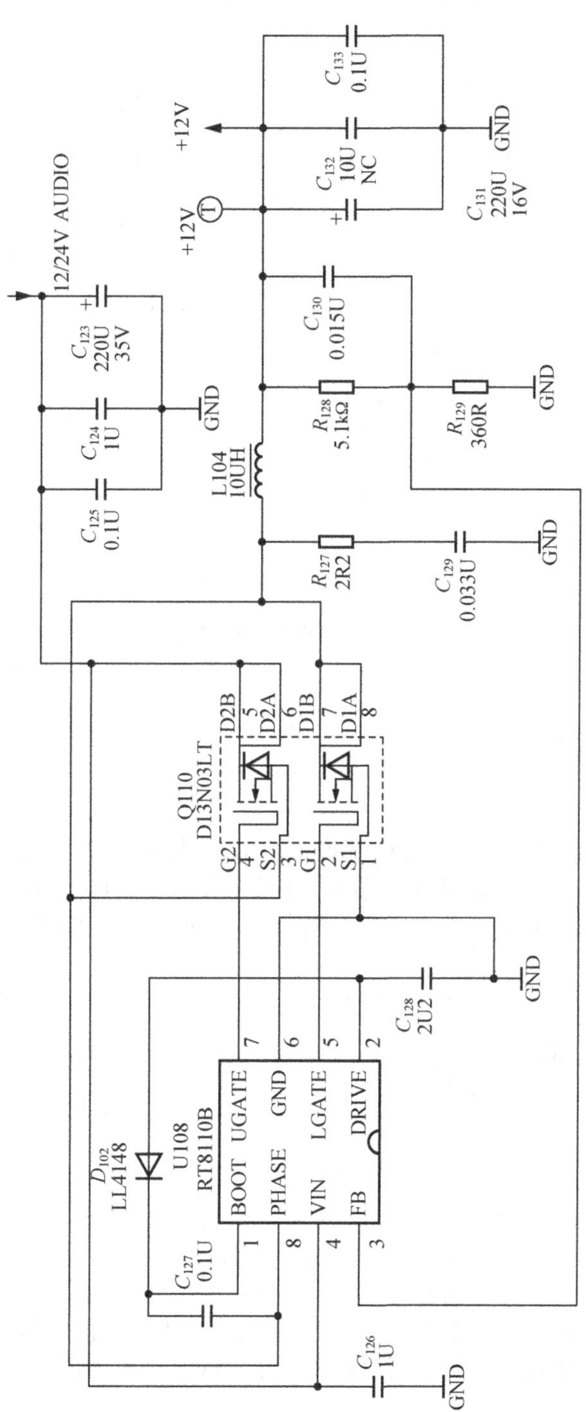

图 10-3　24V/12V 变换电路

（2）RT8110（U108）内部结构图与引脚功能

RT8110 的内部结构图如图 10-4 所示。RT8110 的引脚功能如表 10-1 所示。

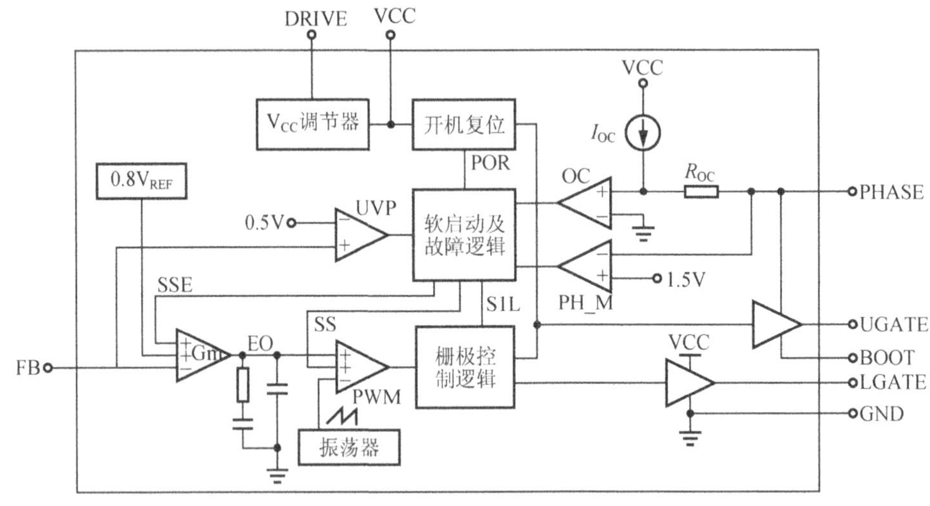

图 10-4　RT8110 内部结构图

表 10-1　RT8110 引脚功能表

引脚	1	2	3	4	5	6	7	8
名称	BOOT	DRIVE	FB	VCC	LGATE	GND	UGATE	PHASE
功能	自举	驱动使能	输出反馈	供电	下管栅极驱动	地	上管栅极驱动	过流保护监测输入

（3）工作原理

RT8110（U108）是一个 DC/DC 变换电源 IC，由图 10-3 可见，该电路的开关管有两个 Q_1、Q_2，其等效电路如图 10-5 所示。因该电路提供的功率较大，为提高电路的开关性能，用场效应管 Q_2 来代替二极管，当 Q_1 截止时，Q_2 导通起续流作用。

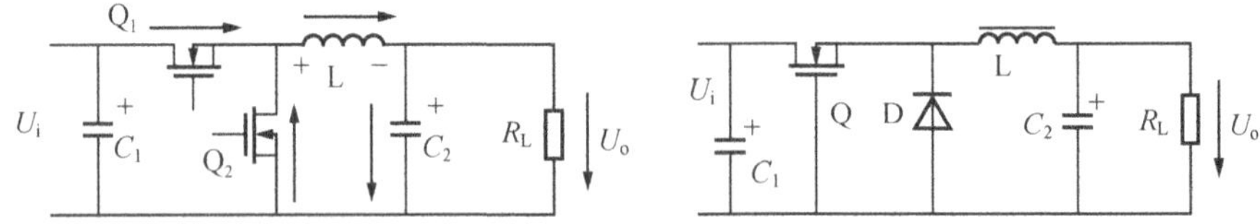

图 10-5　等效电路

稳压电路输出的电压值可以通过改变 R_{128}、R_{129} 的分压比来设定，输出的电压分压后返回 FB 端子，U108 的 3 脚接收到反馈信号后，调节振荡电路输出方波的占空比，控制 Q110 的两个 MOS 管的导通时间，从而达到稳压的目的。这个 12V 输出电压很重要，主板的大部分电源都是由它提供，在液晶电视机出现不开机的故障时，首先应检测这个电压，如果没有 12V 输出电压，而有输入电压 24V，则可考虑是 U108 烧毁或双 MOS 管 Q110 损坏。

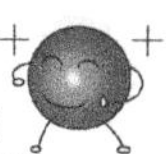

2. 12V 转 5V 变换电路的工作原理

液晶电视机开关稳压电路输出的电压为 12V，要把它转变为 5V 才能给大部分的 IC 使用，由于功率（电流）需求大，一般采用开关型 DC/DC 降压变换电路。在实际电路中，经常采用 MP1484 芯片来构成降压变换电路。

（1）MP1484 芯片的特点

SOP 封装，内置 MOS 管；输入电源范围宽，可以从 4.75V 到 18V 范围设定输入电压；输出电压可以从 0.923V 到 15V 进行设定；输出电流为 2A；固定频率为 340kHz，电源的转换效率达 93%的效率；有过电流保护、输入欠压锁定等保护功能。MP1484 的引脚功能见表 10-2。

表 10-2　MP1484 的引脚功能表

引脚	名称	功能作用
1	BS	PWM 振荡脉冲输出反馈
2	IN	工作电源输入，电压适应范围很宽，4.75～18V，要加退耦电容
3	SW	PWM 振荡脉冲输出，与外接的 LC 滤波电路构成降压稳压输出
4	GND	接地
5	FB	稳压输出误差取样信号反馈输入，用于检测稳压输出电压的变化
6	COMP	补偿调节，改变外接的 R、C 元件的值，可以改变 PWM 振荡脉冲的频率
7	EN	使能控制输入，当该脚为高电平（接 100kΩ上拉电阻）时，稳压电路工作，有正常电压输出；为低电平时，稳压电路不工作（无输出）
8	SS	软启动控制输入，对地接 1 个电容器即可以实现软启动（延迟启动输出），不接任何元件则无软启动功能

（2）电路原理图及工作原理

TCL19P21 型液晶电视机，由 MP1484 所构成的降压稳压电路原理图如图 10-6 所示。

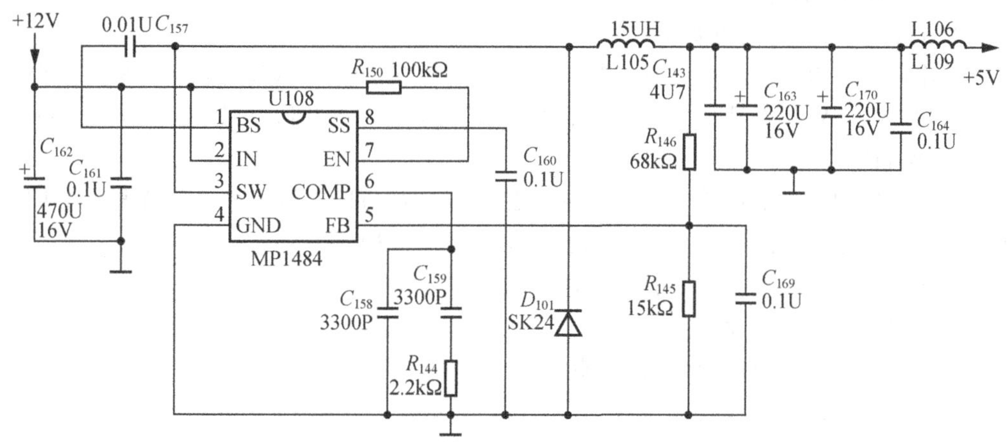

图 10-6　12V/5V 降压电路原理图

电路的主要工作原理是：IC 的使能端 EN 端由于通过 R_{150} 接 12V 电源，为高电平，故通电后电路即可启动。电路的振荡频率由 IC 的 6 脚外的元件 C_{158}、C_{159}、R_{144} 决定。D_{101} 为续流二极管，L_{105} 为储能电感，L_{106} 与 C_{163}、C_{170} 构成滤波电路，把 PWM 波转换为平滑的直流电流。

稳压输出电压的大小由 R_{145}、R_{146} 的比值决定，输出电压的计算公式为 U_o=0.92（1+R_{146}/R_{145}），可以得到电压值。

TCL19P21 型液晶电视机的实际电路板 5V 电压的测试点如图 10-7 所示。

图 10-7　5V 电压的测试位置

3. 采用 AS1117 的 5V 转 3.3V 稳压电路的工作原理

AS1117 是一种性能很好的线性稳压器件（不是工作在开关状态），从广义来讲也属于三端稳压器件，但与常见的 78XX、79XX 系列三端稳压器件是完全不同的，此类稳压器件主要用来产生稳压值在 5V 以下的电压输出，同时，改变电路的参数，还能使输出电压可调。

（1）AS1117 的特性

AS1117 具有如下的重要特性。

输出电压可以固定，也可以调节。输出电压为固定时，可以输出 U_o=1.8V、2.5V、2.85V、3.3V、5V 共五种不同的固定电压。输出电压为可调时，可以在 1.25～13.8V 范围内连续可调。

输入与输出之间的压差（U_i-U_o）在 1.25～10V 都可以正常工作，但当压差过大时，IC 的功率消耗会过大，会过热烧毁，必须加大散热面积。

输出电流最大可达 1A，输出电压的精度高，可达±1%。

具有过热保护、过流保护功能。

（2）AS1117 封装形式与引脚功能

AS1117 封装形式有两种，如图 10-8（a）所示。

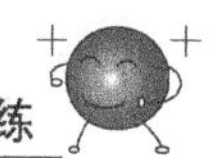

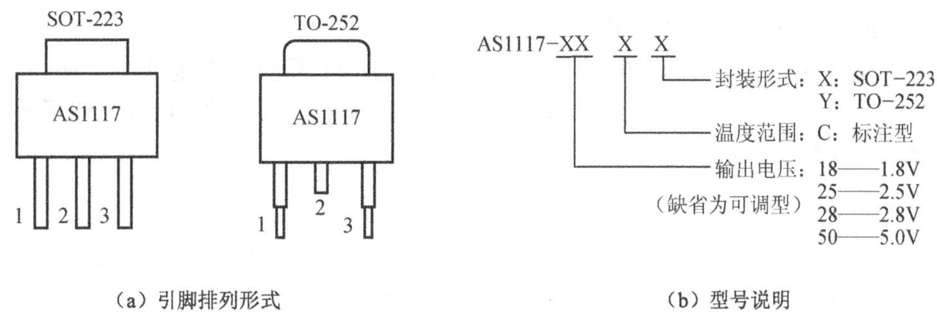

（a）引脚排列形式　　（b）型号说明

图 10-8　封装形式与型号含义

（3）AS1117 命名方法的含义与引脚功能

AS1117 命名方法的含义如图 10-8（b）所示。例如，型号为 AS1117-33CX 的元件，表示其输出电压为 3.3V，为 SOT-223 封装形式；型号为 AS1117-CX 的元件，表示其输出电压可调，为 SOT-223 封装形式。

AS1117 的引脚功能分固定型与可调型两种，如图 10-9 所示。请注意引脚的功能与 78XX、79XX 系列的元器件是完全不同的。

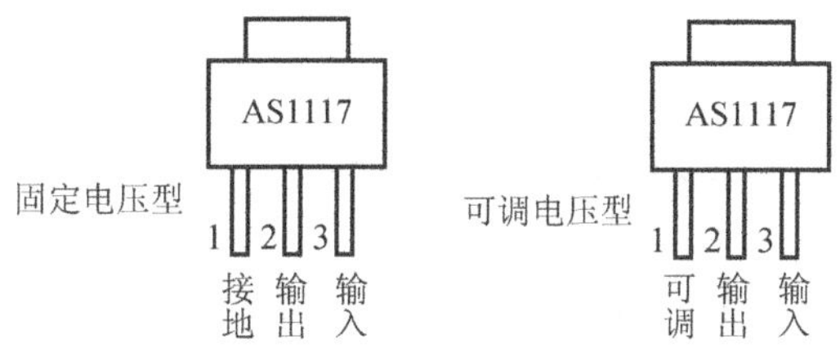

图 10-9　引脚功能图

（4）AS1117 的内部结构

AS1117 的内部结构如图 10-10 所示。

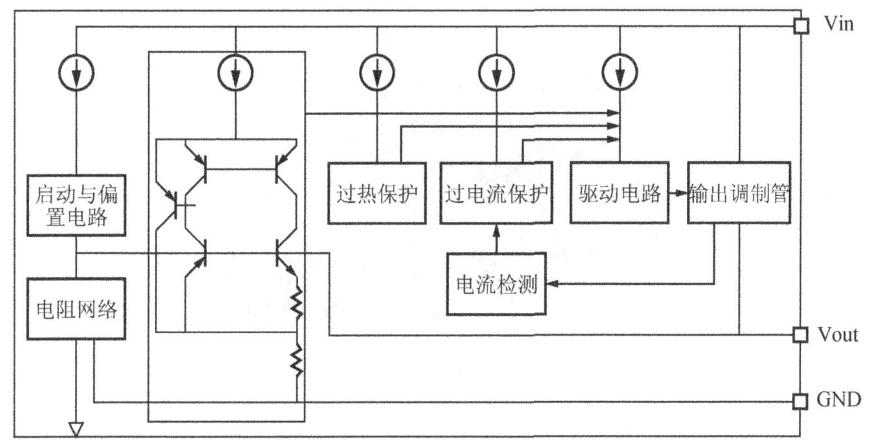

图 10-10　AS1117 内部结构图

（5）AS1117 稳压电路的应用结构

固定输出电压与可调输出电压常见的电路如图 10-11 所示，请注意脚的顺序与输入、输出的关系。改变 R_1、R_2 的比值，即可改变输出电压的大小。滤波电容一般采用钽电解电容，这样稳定性才好。

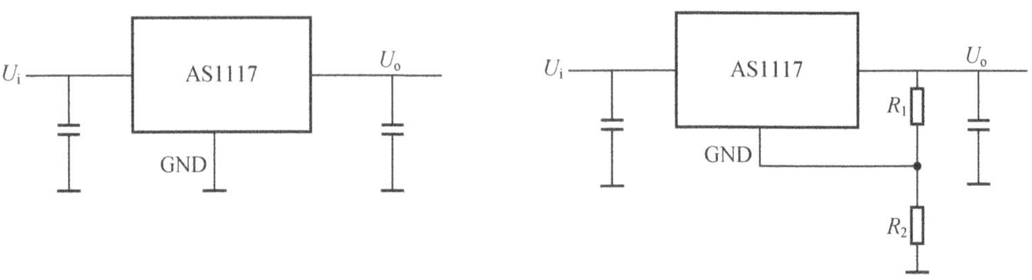

（a）固定输出电压应用电路　　（b）可调电压应用电路

图 10-11　常见的应用电路

（6）AS1117 具体应用电路

TCL19P21 型液晶电视机的 AS1117 具体应用电路如图 10-12 所示，在电路板上的位置如图 10-13 所示。

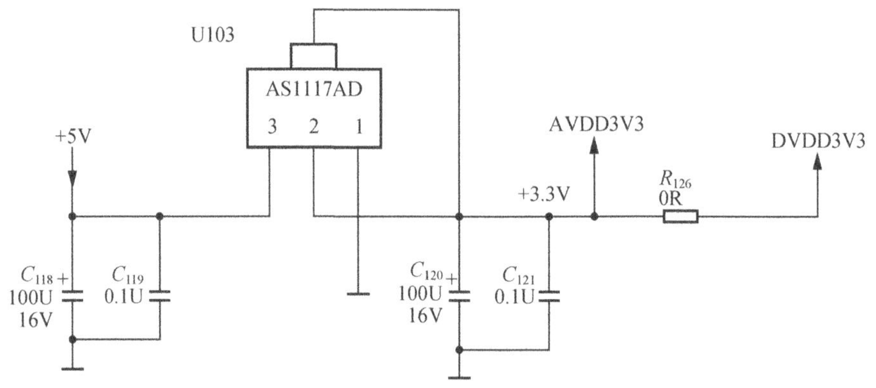

图 10-12　AS1117 具体应用电路

图 10-13　AS1117 在电路板上的位置

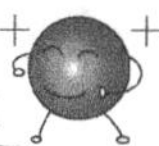

4. 采用 AS1117 的其他稳压电路

TCL19P21 型液晶电视机，采用 AS1117 把 5V 转变为 1.8V 的电路如图 10-14 所示。把 3.3V 转变为 1.25V 的电路如图 10-15 所示。它们在电路板上的位置如图 10-13 所示。

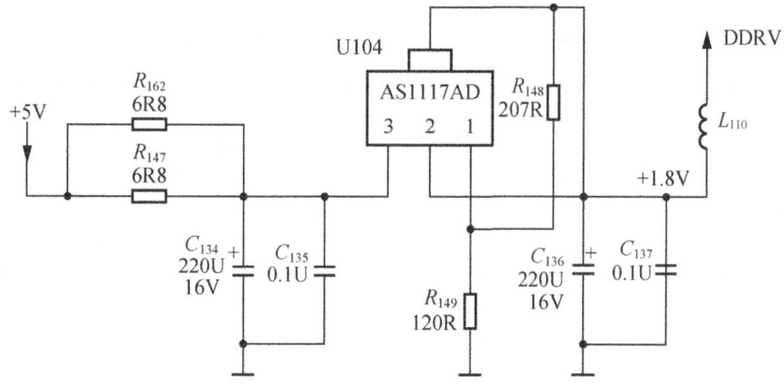

图 10-14　5V 转变为 1.8V 电路

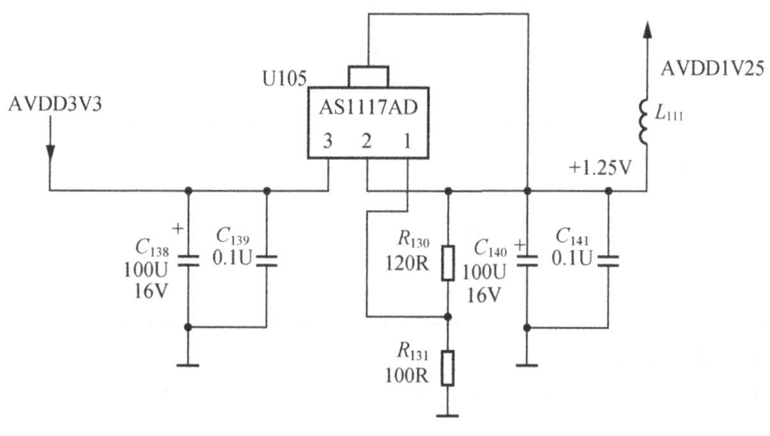

图 10-15　3.3V 转变为 1.25V 电路

任务实施

一、实习器材准备

液晶电视机、常用的防静电工具、常用的维修工具和指导书等。

二、液晶电视机 DC/DC 变换电路专题训练

1. DC/DC 变换 IC 的识读

识读 DC/DC 变换电路中，12V 转 5V，5V 转 3.3V，3.3V 转 1.25V 稳压 IC 的型号。

2. MP1484（U108）DC/DC 12V 转 5V 变换电路电参数的测试

（1）电阻的测试

用万用表×kΩ挡测试 MP1484 各脚的阻值，填写表 10-3。

表 10-3　MP1484（U108）电参数测试表

引脚	1	2	3	4	5	6	7	8
名称								
功能								
正向电阻								
反向电阻								
工作电压								

（2）电压参数的测试

给电视机通电，测试 MP1482 的工作电压，填入表 10-3 中。

3. AS1117（U502）DC/DC 12V 转 5V 变换电路电参数的测试

（1）电阻的测试

用万用表×kΩ挡测试 AS1117（U502）各脚的阻值，填写表 10-4。

表 10-4　DC/DC 12V 转 5V 变换电路电参数测试表

引脚	1	2	3
功能	接地脚（调整脚）	输出脚	输入脚
正向电阻			
反向电阻			
工作电压			

（2）电压参数的测试

给电视机通电，测试 AS1117（U502）各脚的工作电压，填入表 10-4 中。

4. AS1117（U103）DC/DC 5V 转 3.3V 变换电路电参数的测试

（1）电阻的测试

用万用表×kΩ挡测试 AS1117（U103）各脚的阻值，填写表 10-5。

表 10-5　DC/DC 5V 转 3.3V 变换电路电参数测试表

引脚	1	2	3
名称	接地脚（调整脚）	输出脚	输入脚
正向电阻			
反向电阻			
工作电压			

（2）电压参数的测试

给电视机通电，测试 AS1117（U103）各脚的工作电压，填入表 10-5 中。

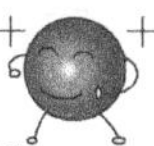

5. AS1117（U104）DC/DC 5V 转 1.8V 变换电路电参数的测试

（1）电阻的测试

用万用表×kΩ挡测试 AS1117（U104）各脚的阻值，填写表 10-6。

表 10-6　DC/DC 5V 转 1.8V 变换电路电参数测试表

引脚	1	2	3
名称	接地脚（调整脚）	输出脚	输入脚
正向电阻			
反向电阻			
工作电压			

（2）电压参数的测试

给电视机通电，测试 AS1117（U104）各脚的工作电压，填入表 10-6 中。

6. AS1117（U105）DC/DC 3.3V 转 1.25V 变换电路电参数的测试

（1）电阻的测试

用万用表×kΩ挡测试 AS1117（U105）各脚的阻值，填写表 10-7。

表 10-7　DC/DC 3.3V 转 1.25V 变换电路电参数测试表

引脚	1	2	3
名称	接地脚（调整脚）	输出脚	输入脚
正向电阻			
反向电阻			
工作电压			

（2）电压参数的测试

给电视机通电，测试 AS1117（U105）各脚的工作电压，填入表 10-7 中。

7. 分析思考

同一个稳压 IC，如 MP1482、AS1117，为什么可以设计为不同输出电压的稳压电路?

项目十一　高频头电路的工作原理与维修技能训练

【教学目标】

1）掌握液晶电视机高频头、CPU 主要控制电路的知识。

2）掌握液晶电视机高频头、CPU 主要控制电路关键点电参数的测试方法。

【工作任务】

1）掌握液晶电视机高频头、CPU 主要控制电路的工作原理。

2）掌握液晶电视机高频头、CPU 主要控制电路关键点电参数的测试方法与维修技能。

相关知识

一、高频头电路的工作原理

液晶电视机可以接收多种不同格式的信号，接收天线信号是电视机基本的功能。

1. 高频头引脚电路图

TCL19P21 型液晶电视机的高频头在电路板上的位置、引脚电路图如图 11-1 所示。

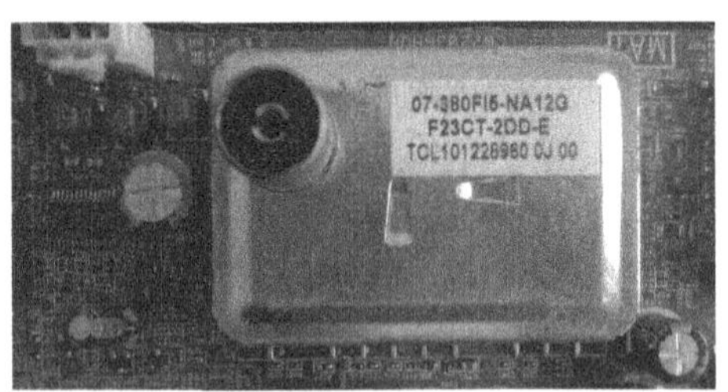

(a) 高频头引脚位置

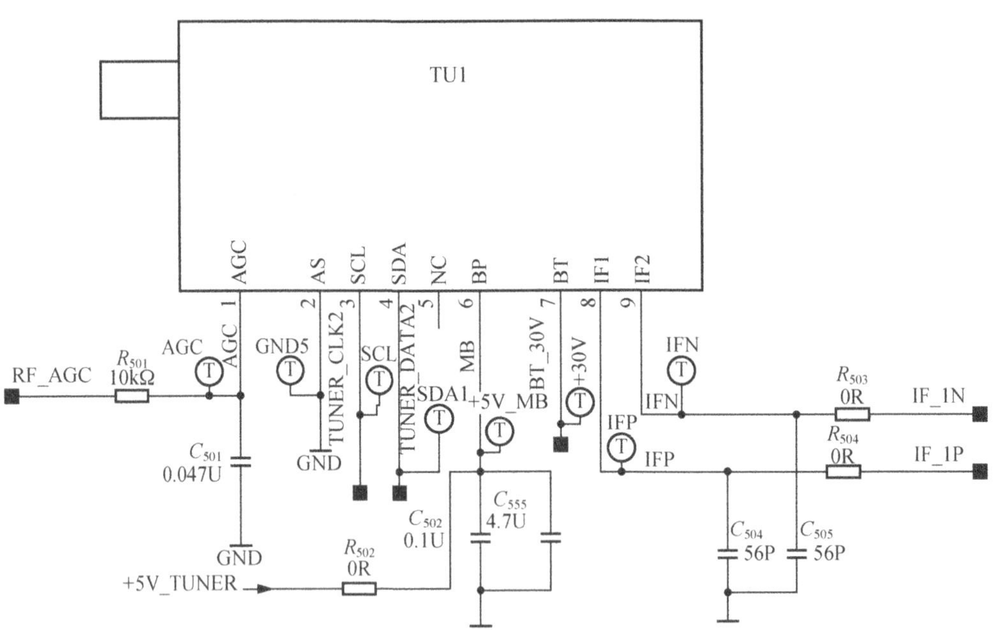

(b) 高频头引脚电路图

图 11-1　高频头引脚位置及电路图

2. 高频头引脚功能

高频头各引脚的名称、功能及电压大小如表 11-1 所示。

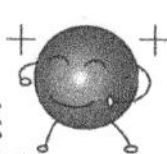

表 11-1　高频头引脚名称、功能表

引脚	1	2	3	4	5	6	7	8	9
符号	AGC	AS	SCL	SDA	NC	BP	BT	IF1	IF2
功能	自动增益控制	I^2C 总线地址选择	时钟总线	数据总线	空脚	工作电压	调谐电压	中频输出	中频输出
电压	3.6V	0V	3.6V	3.6V	0V	5V	30V	mV 级	mV 级

3. 高频头主要电路的工作原理

（1）调谐电压 30V 产生电路的工作原理

TCL19P21 型液晶电视机的高频头 30V 供电电压产生电路属于 DC/DC 升压电路，其电路原理如图 11-2 所示。图中 Q_{502} 为开关管，L_{505} 为升压自感电感线圈。遥控系统送来固定占空比的 PWM 信号，信号的频率为 800kHz、峰峰值为 1.6V、占空比为 80%。让 Q_{502} 工作在开关状态，Q 饱和时，二极管 D 截止，电感 L 储存能量；Q 截止时，二极管 D 导通，让电感线圈产生的自感电压与输入电压相叠加而实现升压。

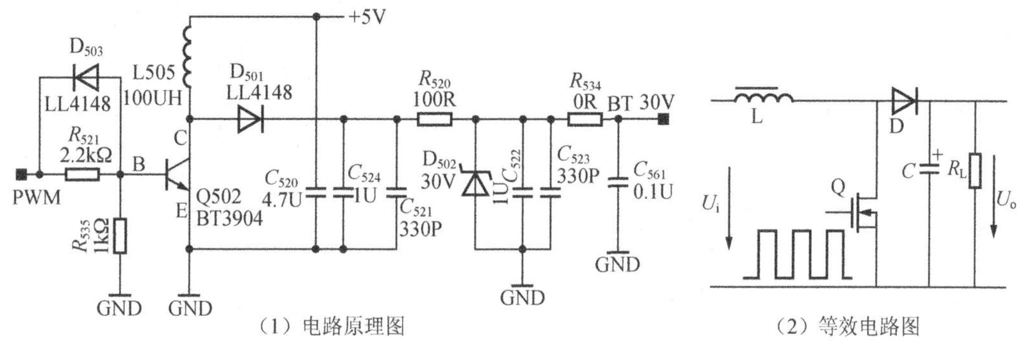

（1）电路原理图　　（2）等效电路图

（a）调谐电压产生电路

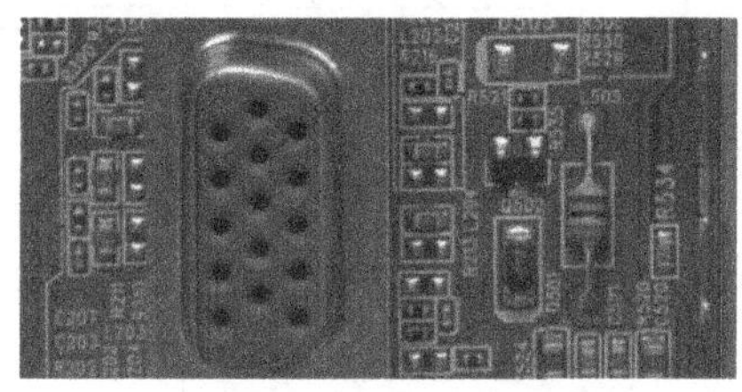

（b）调谐电压产生电路的位置

图 11-2　调谐电压产生电路原理及位置

（2）高频头内部电路主要工作原理

TCL19P21 型液晶电视机的高频头采用 I^2C 总线控制技术，控制精度高，输出信号稳定，内部电路图如图 11-3 所示。75Ω天线接收到的高频电视信号从 P_{501} 孔输入到高频头 TU_1 进行处理。经高频头内部电路进行高频放大、混频、滤波、中放、鉴频、预视放、AGC 自动增益控制、AFT 自动频率控制、PLL 锁相环滤波等处理，再经过 A/D 转换数字化处理之后，从 TU_1（高频头）的 IF-1P、IF-1N 引脚输出一对差分音、视频信号，差分音、视频信号经滤波之后，送主 IC 的 112 脚、113 脚进行处理。

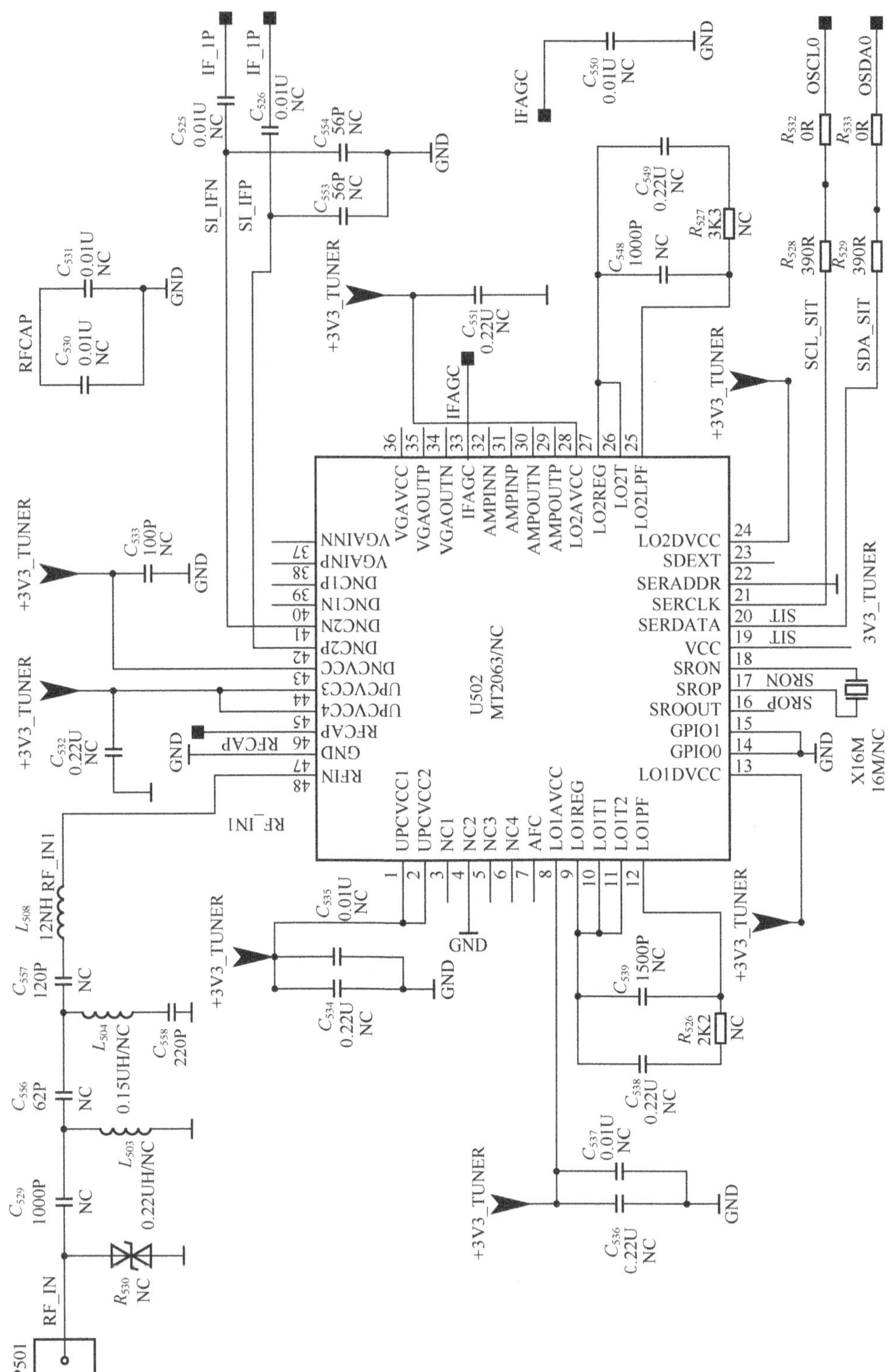

图 11-3 高频头内部电路图

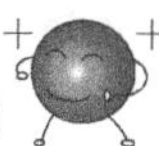

二、MT8223H 图像信号处理电路的工作原理

U001（MT8223H）是一款低成本、高度集成 IC，广泛适用于平板电视声音图像处理，输出支持全高清电视。内有 3D 梳妆滤波电视解码器，可从复合信号中得到更好的画质；有 HDTV/VGA 解码模块；具有运动补偿功能；可直接处理高频头出来的声音图像信号。

1. MT8223H 内部图像信号处理框图及各引脚功能

TCL19P21 型液晶电视机的 MT8223H 内部图像信号处理电路的组成结构、流程功能如图 11-4 所示，引脚功能图如图 11-5 所示。

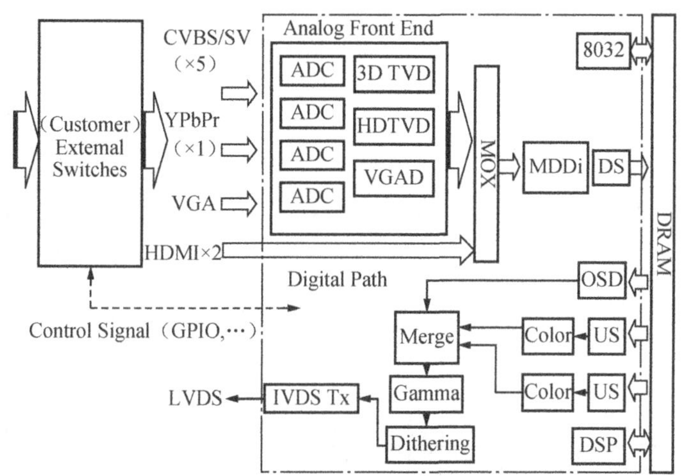

图 11-4　MT8223H 内部结构图

（a）MT8223H 外形图

图 11-5　MT8223H 引脚外形及功能图

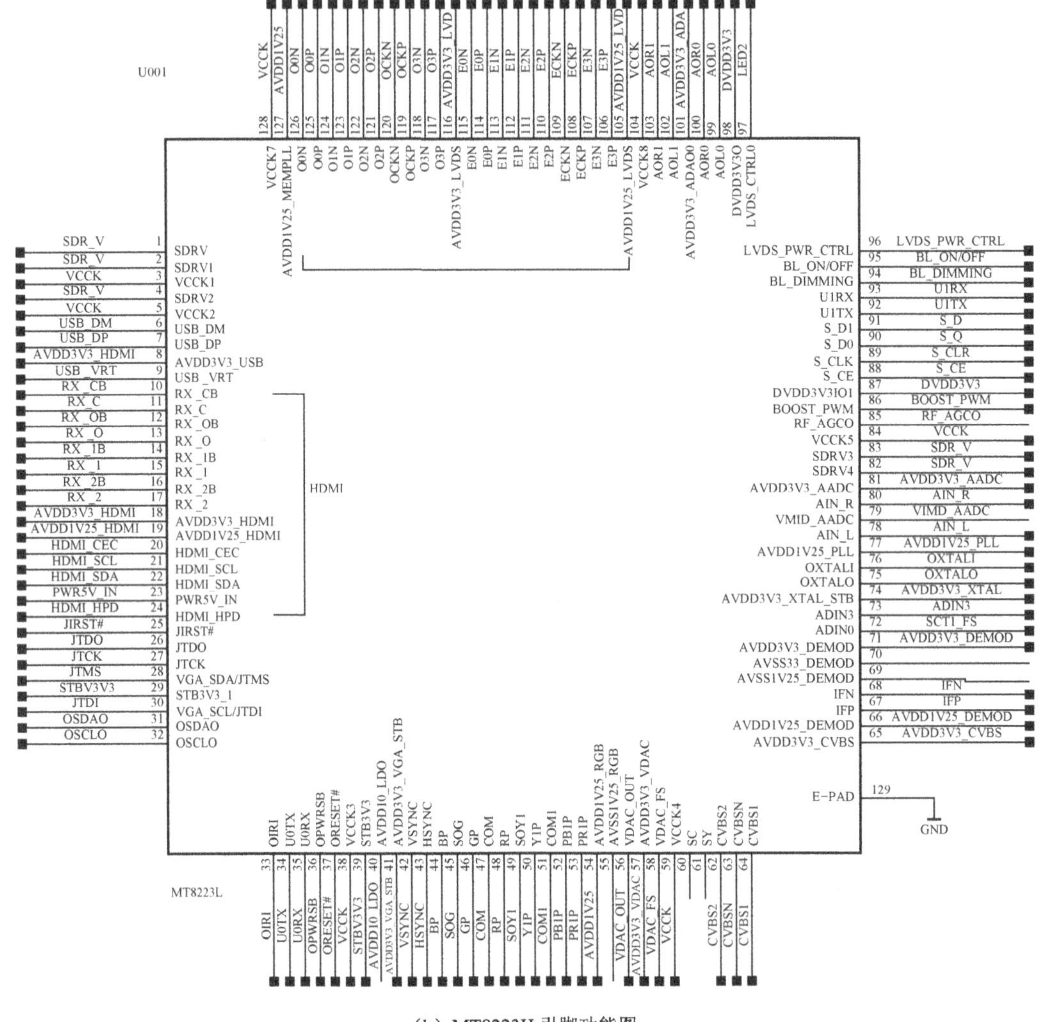

（b）MT8223H 引脚功能图

图 11-5　MT8223H 引脚外形及功能图（续）

2. 主芯片复位电路

TCL19P21 型液晶电视机的主芯片的复位电路原理图如图 11-6 所示，复位电路在电路板上的位置如图 11-7 所示。复位电路的输出端子与主芯片的复位输入端子相连。

复位电路的工作原理是：开机的瞬间，电容器 C_{060} 两端电压不突变，相当于短路，+5V 电压通过 R_{079}、R_{043} 等元件，加到 Q_{001} 的 B 极，使 Q_{001} 瞬时饱和导通，其 C 极为低电平，复位输出电压为低电平，使微处理器处于复位状态。随着电容器 C_{060} 充电电压的上升，+5V 电压全部降落在电容器上，Q_{001} 截止，其 C 极为高电平，复位输出电压变为高电平，使微处理器完成复位过程。

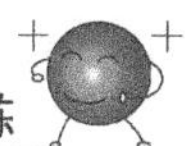

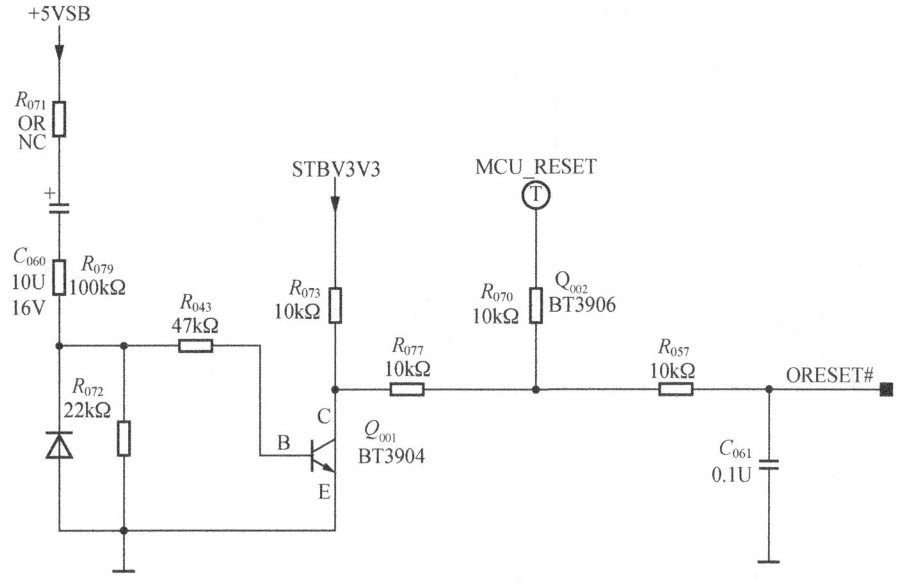

图 11-6 复位电路原理图

图 11-7 复位电路在电路板上的位置

3. 存储器电路（EEPROM）

液晶电视机 EEPROM 存储器的作用与传统的 CRT 电视机存储器的作用相同。存储器电路原理图如图 11-8 所示。通过 7 脚读、写端子高低电平的变化，控制信号的读、写。信号的传输，通过时钟总线 SCL 与数据总线 SDA 与 MT8223H 之间进行传输。TCL19P21 型液晶电视机的存储器电路在电路板上的位置如图 11-9 所示。

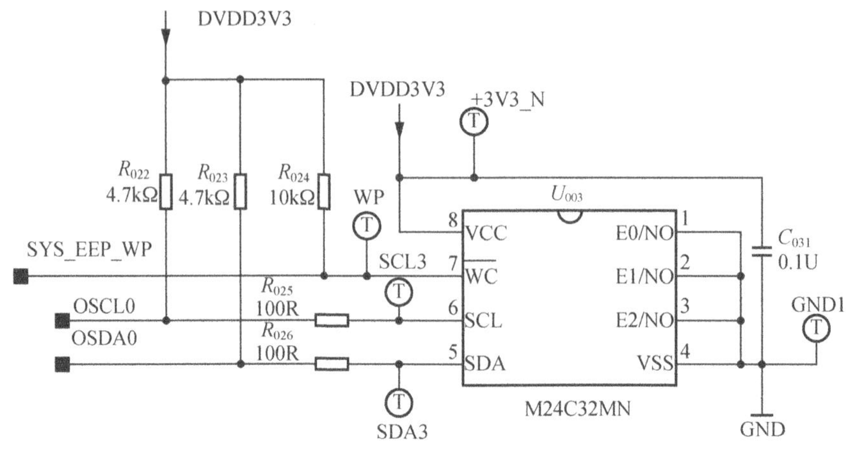

图 11-8　存储器电路图

图 11-9　存储器在电路板上的位置

4. 背光灯开关控制电路

液晶电视机背光控制电路的作用是：按遥控器的开、关机键时，主 IC 的 157 脚会输出 1/0 变化电平，用这一控制信号控制 LED 背光升压电路的开与关，以点亮或熄灭 LED 灯。当 BL-ON/OFF 的电子为 0 电平时，Q_{103} 截止，其 C 极输出高电平，让 LED 升压电路工作，LED 灯正常发亮。当 BL-ON/OFF 的电子为 1 电平时，Q_{103} 饱和，其 C 极输出低电平，让 LED 升压电路停止工作，LED 灯熄灭不亮。TCL19P21 型液晶电视机的控制电路的原理图如图 11-10 所示，在电路板上的位置如图 11-11 所示。

5. BL-DIM 调光控制电路

液晶电视机调光控制电路的作用是：按遥控器的调光键时，主 IC 的 156 脚（BL-DIM）会输出一个 PWM 波，这个控制信号被 Q_{104} 放大后进行滤波，送去控制 LED 背光灯升压电路的工作，控制 LED 灯的亮暗，实现调光。在电路板上的位置如图 11-11 所示，电路原理图如图 11-12 所示。

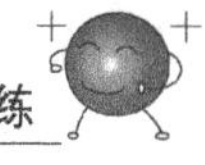

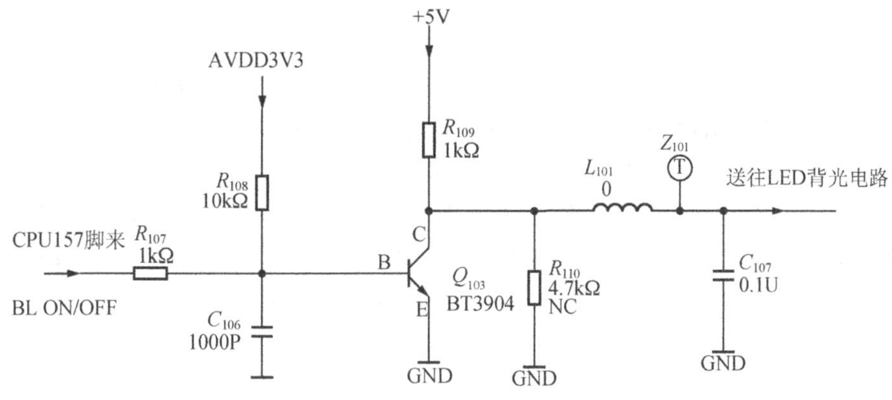

图 11-10　背光灯控制电路

图 11-11　背光灯控制电路 Q_{103} 的位置

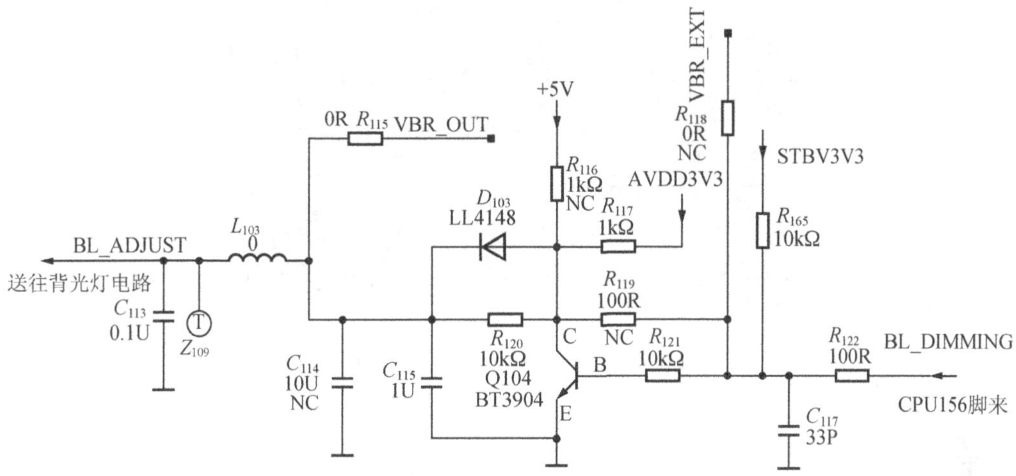

图 11-12　调光灯电路

6. LVDS 屏供电控制电路

LVDS 屏供电控制电路的作用是：按遥控器的开、关机键时，CPU 的 158 脚会送出一个 1/0 变化电平，用这一控制信号控制液晶屏驱动电路的供电，当液晶屏有 12V 供电时，电视机正常工作，当液晶屏无 12V 供电时，电视机不工作，实现遥控开关机控制。当 Q_{401} 的 B 极为高电平时，Q_{401} 饱和，Q_{402} 截止，12V 电压无法送往液晶屏的驱动电路，电视机不工作，当 Q_{401} 的 B 极为低电平时，则相反，电视机正常工作。TCL19P21 型液晶电视机的电路原理图如图 11-13 所示，在电路板上的位置如图 11-14 所示。

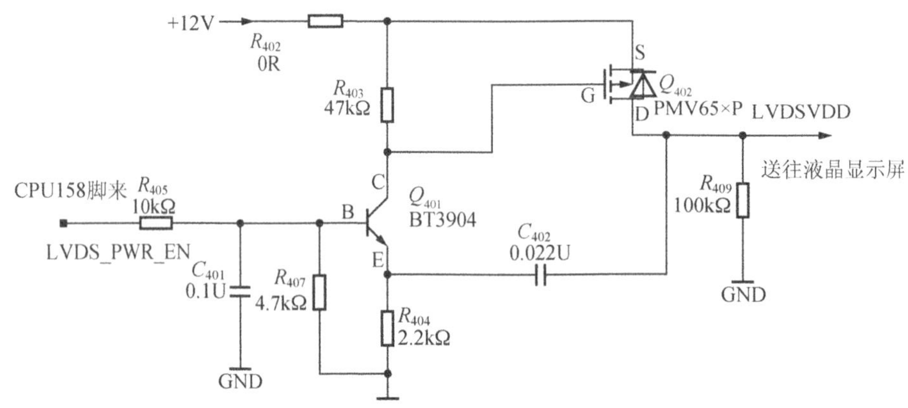

图 11-13　液晶屏供电控制电路

图 11-14　液晶屏供电控制电路 Q_{401}、Q_{402} 的位置

任务实施

一、实习器材准备

液晶电视机、常用的防静电工具、常用的维修工具和指导书等。

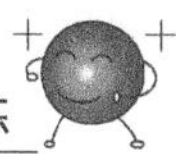

二、液晶电视机信号处理电路专题训练

1. 高频头电路的识读与电参数测试

（1）高频头电路的识读

对照表 11-2，识读高频头各脚的功能。

表 11-2　高频头引脚功能表

引脚	1	2	3	4	5	6	7	8	9
符号	AGC	AS	SCL	SDA	NC	BP	BT	IF1	IF2
功能	自动增益控制	I^2C 总线地址选择	时钟总线	数据总线	空脚	工作电压	调谐电压	中频输出	中频输出

（2）高频头电阻的测量

用万用表×kΩ挡测试高频头各脚对地正反电阻，填入表 11-3 中。

表 11-3　高频头电阻测量表

引脚	1	2	3	4	5	6	7	8	9
符号	AGC	AS	SCL	SDA	NC	BP	BT	IF1	IF2
正向电阻									
反向电阻									

（3）高频头电压的测量

将电视机通电，在无台、有台的情况下，测试高频头各脚电压，填入表 11-4 中。

表 11-4　高频头电压测量表

引脚	1	2	3	4	5	6	7	8	9
符号	AGC	AS	SCL	SDA	NC	BP	BT	IF1	IF2
有台电压									
无台电压									

（4）高频头 VT（BT）升压电路电参数的测量

测量 DC/DC 升压电路（5V/30V）Q_{502} 的电参数，填写表 11-5。

表 11-5　高频头 VT（BT）升压电路电参数测量表

Q_{502}	b 极	c 极	e 极	D_{502} 两端电压
正向电阻（×kΩ挡）				
反向电阻（×kΩ挡）				
工作电压				

Q_{502}集电极 c 的电压为升压前的电压，D_{502}两端的电压为升压后的电压，（升压前电压）-（升压后电压）=__________V。

2. 复位电路图的绘制

根据给出的电路图和机芯电路，画出 Q_{001}、Q_{002}为中心的复位电路图。

3. 存储器电路

（1）存储器电路的绘制

根据给出的电路图和机芯电路，画出存储器 U_{003}的电路图。

（2）存储器电阻的测试

用万用表×kΩ挡测试存储器各脚对地正反电阻，填入表 11-6 中。

表 11-6　存储器电参数测试表

引脚	1	2	3	4	5	6	7	8
符号	EO/NO	EI/NO	E2/NO	VSS	SDA	SCL	WC	VCC
正向电阻								
反向电阻								
电压值								

（3）电压的测量

给电视机通电，测试存储器各脚的电压值，填入表 11-6 中。

4. 背光灯电路

（1）背光灯控制电路的绘制

根据给出的电路图和机芯电路，画出背光灯控制的电路图。

（2）背光灯控制电路电压的测量

测试 Q_{103}各极的电压，按要求填写表 11-7。

表 11-7　背光灯控制电路电压测量表

Q_{103}	b 极	c 极	e 极
正常开机后的电压			
遥控关机后的电压			

5. 调光灯电路

（1）调光灯控制电路的绘制

根据给出的电路图和机芯电路，画出调光灯控制的电路图。

（2）调光灯控制电路电压的测量

测试 Q_{104}各极的电压，按要求填写表 11-8。

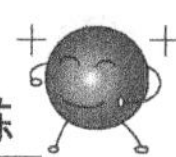

表 11-8　调光灯控制电路电压测量表

Q_{104}	b 极	c 极	e 极
正常开机后的电压			
遥控关机后的电压			

6. 液晶屏供电控制电路

（1）液晶屏供电控制电路的绘制

根据给出的电路图和机芯电路，画出液晶屏控制的电路图。

（2）液晶屏控制电路电压的测量

测试 Q_{401}、Q_{402} 各极的电压，按要求填写表 11-9。

表 11-9　液晶屏控制电路电压测量表

Q_{401}	b 极	c 极	e 极
正常开机后的电压			
遥控关机后的电压			
Q_{402}	b 极	c 极	e 极
正常开机后的电压			
遥控关机后的电压			

项目十二　伴音电路的工作原理与维修技能训练

【教学目标】

1）掌握液晶电视机伴音电路的知识。

2）掌握液晶电视机伴音电路电参数的测试与维修方法。

【工作任务】

1）掌握液晶电视机伴音电路的工作原理。

2）掌握液晶电视机伴音电路电参数的测试与维修技能。

相关知识

一、伴音输入电路的特点

1. 信号输入的特点

液晶电视机可以有多种格式的信号输入，TCL19P21 型液晶电视机各个插孔的位置如图 12-1 所示。

1）一路天线信号 ATV（RF IN）输入，支持 PAL-B/G、PAL-D/K、PAL-I 格式。

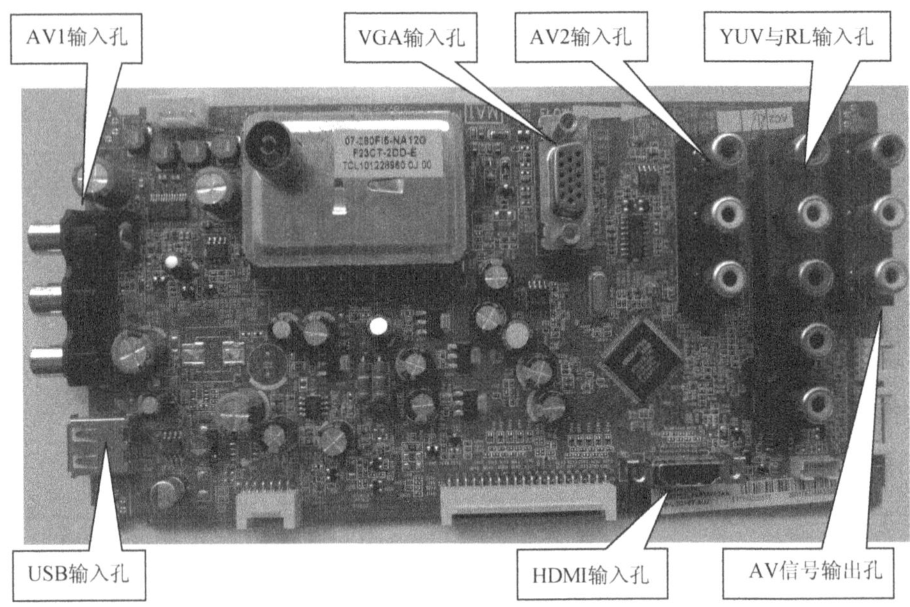

图 12-1 各种信号输入插孔

2）一路数字高清信号输入，图像信号从 HDMI 插孔输入，支持 480i/p、576i/p、1080i/p 格式输入，兼容 HDMI V1.3 版本输入；伴音信号则从 P_{301}（即 Y、U、V、R、L 插孔）插孔中的 R、L 孔输入。

3）一路 VGA 信号输入，图像信号从 VGA 孔输入，伴音信号从 AV2 的 R、L 孔输入。

4）一路模拟高清 YPbPr 亮色信号输入，支持 480i 到 1080p。图像信号从 P301 的 Y、U、V 孔输入，伴音信号从 R、L 孔输入。

5）两路 AV 输入，一路从 back AV2 孔输入，一路从 side AV1 孔输入。

6）一路 USB 信号输入，用于播放图片和音乐。

2. 伴音信号输入电路

（1）AV1 信号输入电路

AV1 信号输入电路如图 12-2 所示。信号从 P_{305} 插孔输入，图像信号输入之后，直接送入 CPU 总控 IC 中，伴音信号输入之后，则送往伴音信号选择电路 U301（HEF4052B）中。

在图 12-2 中，R_{360} 为图像信号输入负载电阻，R_{363}、R_{364} 为左、右路伴音信号输入负载电阻。F_{209}、F_{320}、F_{321} 为放电间隙，V270RA 为双向限幅稳压保护二极管。

电路中，视频信号与伴音信号输入孔的颜色是不相同的，视频信号输入孔为黄色（YELLOW），音频信号输入孔为红（RED）、白色（WHITE）。视频信号耦合电容的容量一般为 nF 数量级，音频信号耦合电容的容量一般为 μF 数量级。

（2）AV2 信号输入电路

AV2 信号输入电路如图 12-3 所示。信号从 P_{302} 插孔输入，图像信号输入之后，直接送入 CPU 总控 IC 中，伴音信号输入之后，则送往伴音信号选择电路 U301（HEF4052B）中。

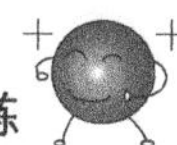

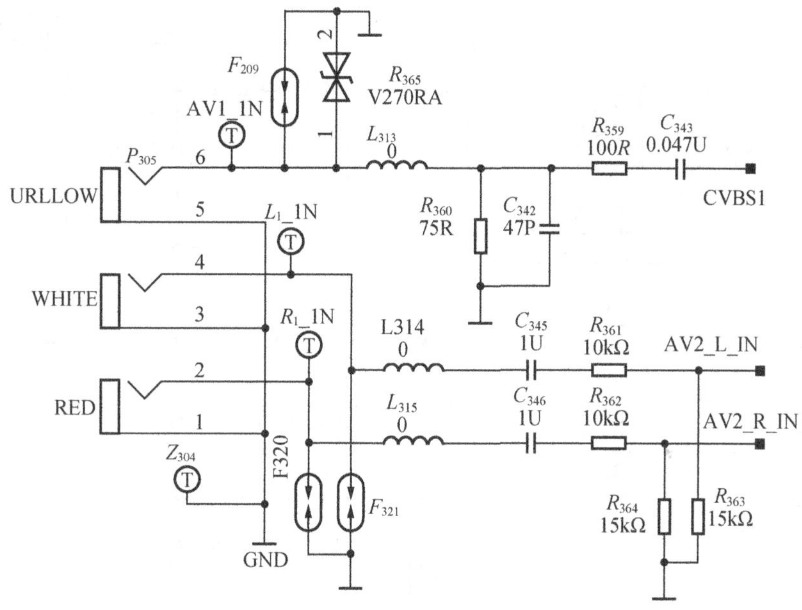

图 12-2　AV1 信号输入电路

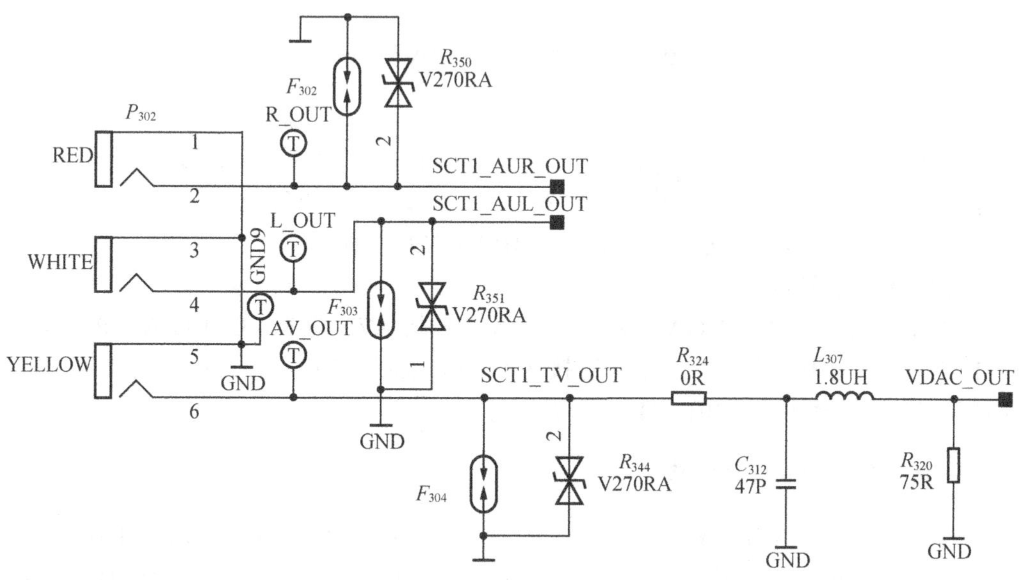

图 12-3　AV2 信号输入电路

（3）高清 YUV 信号输入电路

高清的图像 YUV（YPbPr）信号从 P_{301} 的“GREEN（绿）、BLUE（蓝）、RED（红）”孔输入，电路如图 12-4 所示。图像信号输入之后，直接送入 CPU 总控 IC 中；伴音信号从 RED（红）、WHITE（白）孔输入之后，送往伴音信号选择电路 U301（HEF4052B）中。

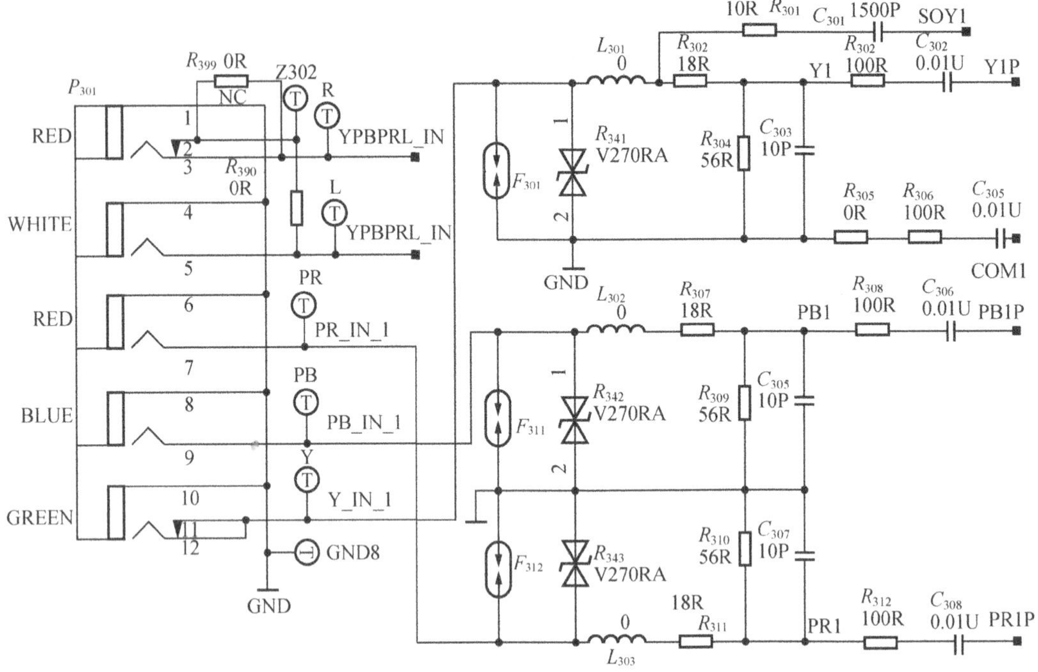

图 12-4 高清 YUV 信号输入、HDMI 伴音信号输入

（4）HDMI 信号输入

HDMI 信号的伴音信号从 P_{301} 的“WHITE、RED”孔输入，电路如图 12-4 所示。图像信号从 HDMI 孔输入，图像信号输入之后，直接送入 CPU 总控 IC 中；伴音信号输入之后，则送往伴音信号选择电路 U301（HEF4052B）中。

（5）VGA 信号输入

VGA 的图像信号从 VGA 孔输入，伴音信号从 AV2 的 R、L 孔输入（P_{302}），如图 12-5 所示。图像信号输入之后，直接送入 CPU 总控 IC 中；伴音信号输入之后，则送往伴音信号选择电路 U301（HEF4052B）中。

3. 伴音信号输入选择电路

上述的 AV1、AV2、YUV、VGA、HDMI 各种伴音信号输入之后，由伴音信号选择电路 HEF4052B 来完成选择，选择电路如图 12-6 所示。图中，三路的伴音输入信号从不同的孔输进来，在遥控系统送来的两位二进制 A、B 的控制下，完成信号的选择。

遥控系统送来的两位二进制码与输入信号切换的逻辑关系如表 12-1 所示。

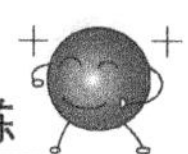

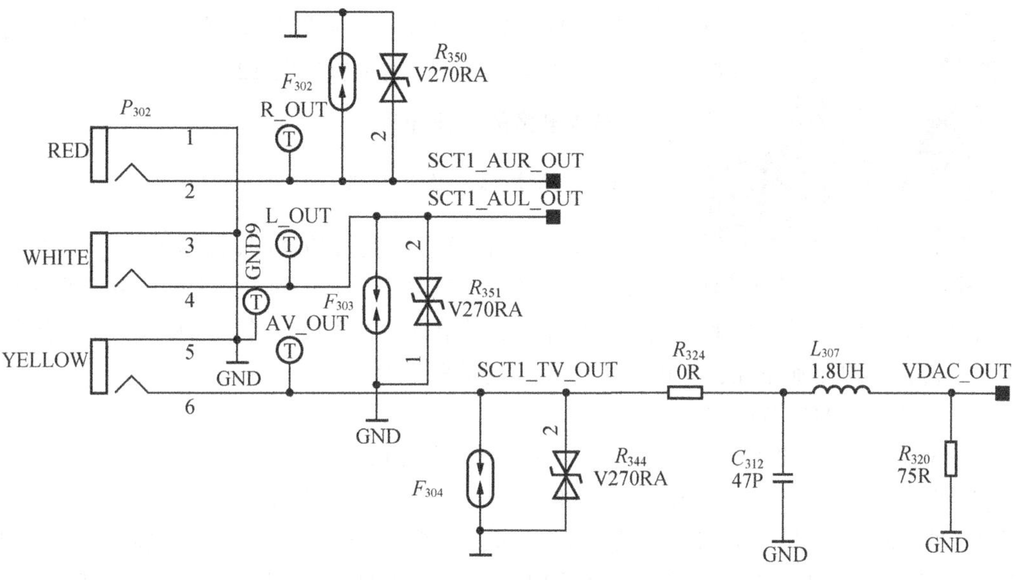

图 12-5　VGA 音频信号输入电路

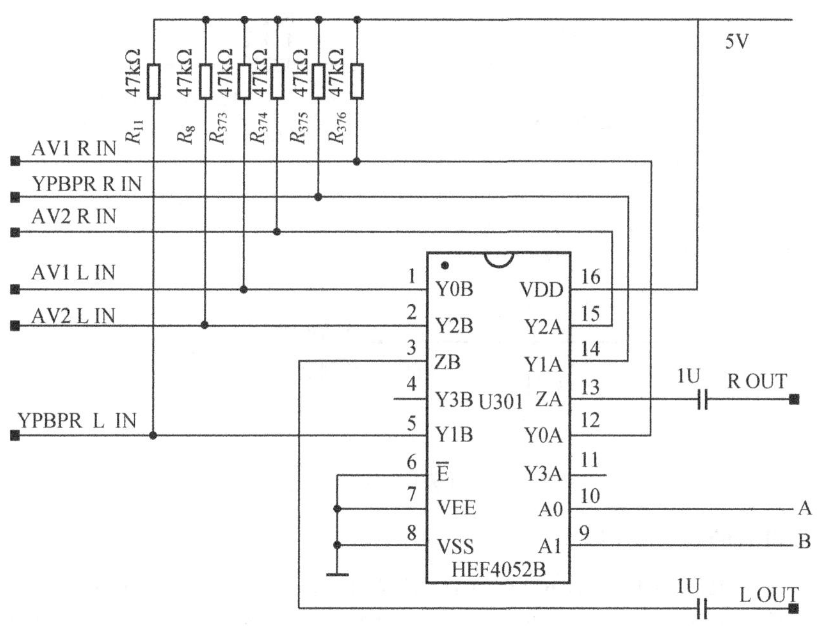

图 12-6　伴音信号选择电路

表 12-1　伴音信号切换逻辑关系表

遥控系统输出的二进制码（HEF4052B 的 9 脚电平）	遥控系统输出的二进制码（HEF4052B 的 10 脚电平）	信号选择输出
H	H	AV1
L	H	YPbPr（HDMI）
H	L	AV2（VGA）

图 12-7　伴音信号选择电路位置

TCL19P21 型液晶电视机的伴音信号选择电路 HEF4052B 在电路板中的位置如图 12-7 所示。

二、伴音电路的工作原理

1. 伴音电路的静音原理

液晶电视机在无台、换台的瞬间、强制按下静音键时，应关闭伴音通道进行静音，其静音原理是由 CPU 的静音控制端子送出的高低电平来实现的。此外，液晶电视机在开机、关机的瞬间，也应进行静音，其静音的控制原理也是由专用的控制电路来实现的。

（1）开机时的静音原理

参见图 12-8 和图 12-9，开机瞬间，因 C_{601} 尚没有充上电，故 Q_{601} 截止，Q_{603} 导通，Q_{602} 的 B 极为高电平，Q_{602} 饱和，其 C 极为低电平，伴音功放 IC 的 1 脚、2 脚为低电平，把伴音功放通道关闭，实现开机静音。开机完成后，C_{601} 上充有 12V 电压，Q_{601}、Q_{603} 皆截止，Q_{602} 的 C 极为高电平，伴音功放 IC 的 1 脚、2 脚为高电平，伴音功放通道正常工作。

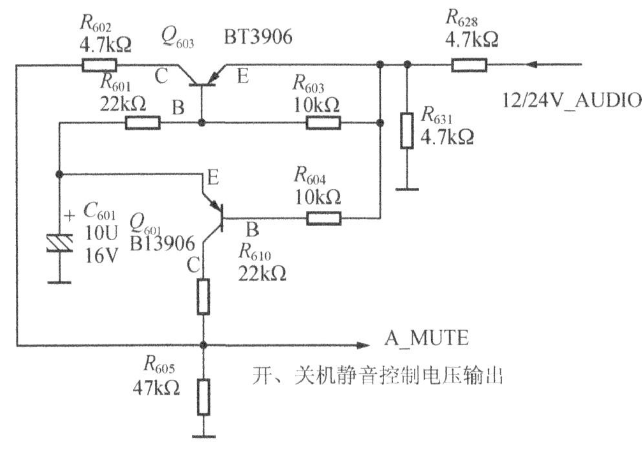

图 12-8　开关机静音控制电路

（2）关机时的静音原理

关机瞬间，电源的 12V 消失，但 C_{601} 上充有 12V 电压，故 Q_{601} 瞬间饱和，其 C 极产生一个脉冲高电平，使 Q_{602} 瞬间饱和，其 C 极为低电平，伴音功放 IC 的 1 脚、2 脚为低电平，把伴音功放通道关闭，实现关机静音。

（3）无台、换台的瞬间及强制按下静音键时的静音原理

电视机检测到无台、换台的瞬间及强制按下静音键时，CPU 的 136 脚会送出一个高电平电压，通过 R_{630}、R_{629}，加到 Q_{602} 的 B 极，使 Q_{602} 饱和，其 C 极为低电平，伴音功放 IC 的 1 脚、2 脚为低电平，把伴音功放通道关闭，实现强制静音。

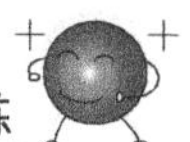

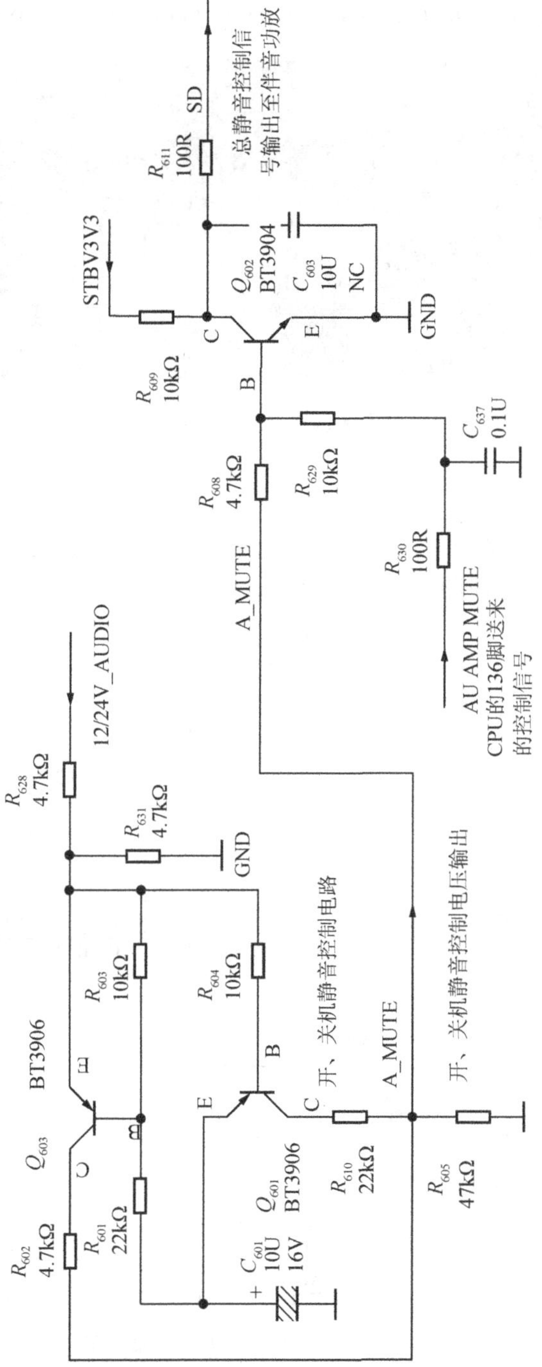

图 12-9　总静音控制电路

TCL19P21 型液晶电视机的电路板上的静音测试点如图 12-10 所示。

图 12-10　静音测试点（Q_{601}、Q_{602}、Q_{603} 位置）

2. 伴音功放电路的原理

伴音放大电路由伴音前置放大、伴音功放两部分电路组成。伴音前置放大电路由 RC4558 来完成，电路原理图如图 12-11 所示。

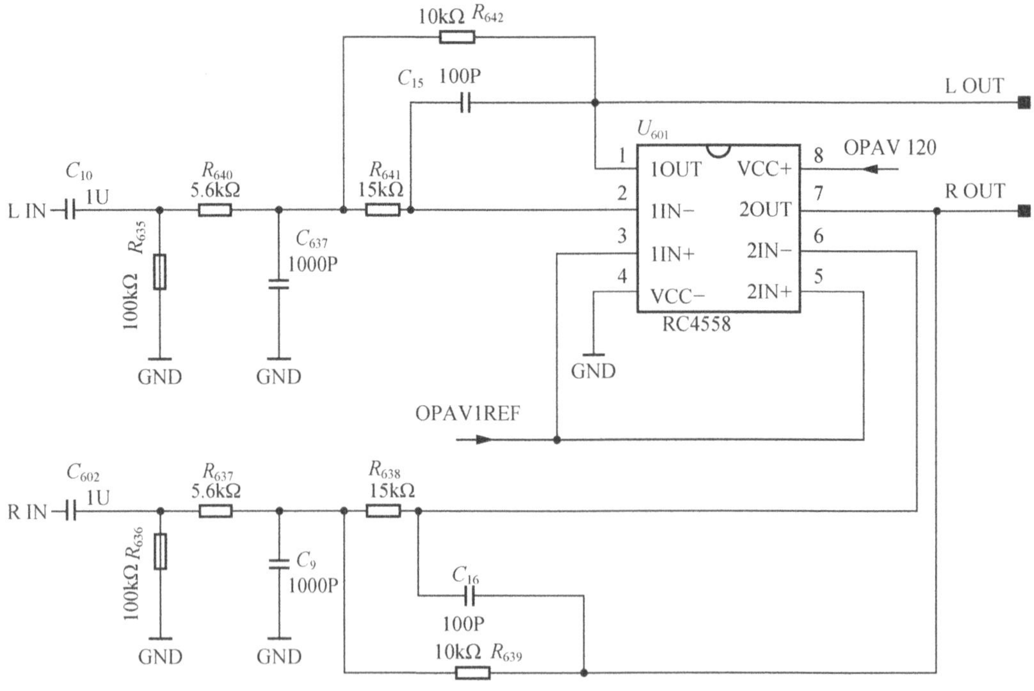

图 12-11　伴音前置放大电路原理图

伴音功放电路由 TPA3113D2 来完成，电路原理图如图 12-12 所示。TPA3113D2 主要引脚的功能如下，1 脚、2 脚为静音脚，3 脚、12 脚为伴音信号输入，12 脚、25 脚、20 脚、18 脚为伴音功放桥路输出，连接两个喇叭。

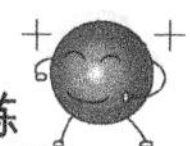

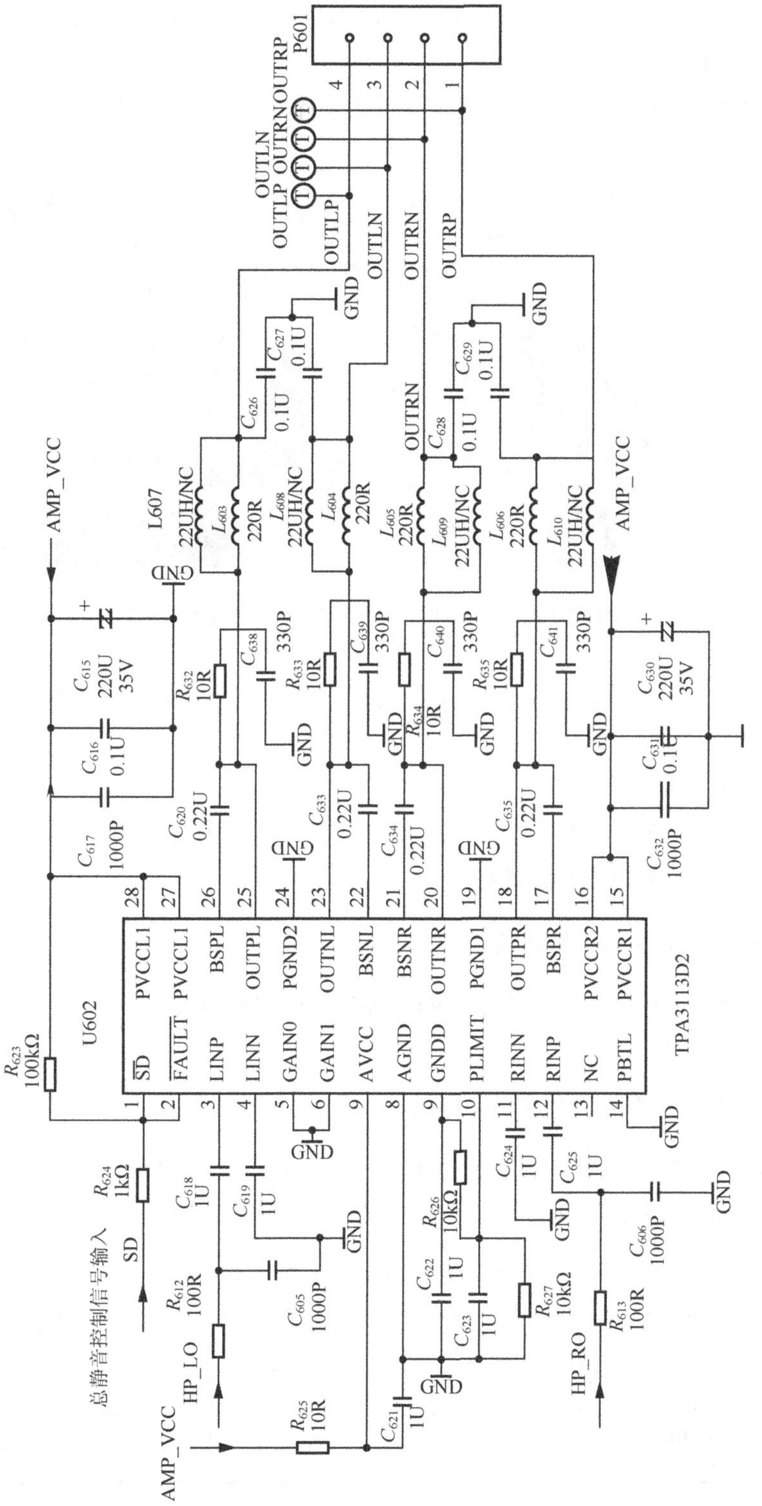

图 12-12　伴音功放电路

前面已介绍过各种静音原理，其音量大小的调节在 CPU 内完成，通过控制 R、L 声道信号的大小实现音量调节。

TCL19P21 型液晶电视机的伴音前置放大电路、伴音功放电路在电路板上的位置如图 12-13 所示。

图 12-13　伴音前置、功放电路在电路板上的位置

任务实施

一、实习器材准备

液晶电视机、常用的防静电工具、常用的维修工具和指导书等。

二、液晶电视机伴音电路专题训练

1. 伴音信号输入电路的识读

按照电路图和机芯电路，识读 AV1、AV2、YPbPr、HDMI、VGA 这些信号，以及音频输入信号的流程。

2. 伴音输入信号选择电路功能检测

将电视机开机，从 AV1、AV2、YPbPr、HDMI、VGA 孔输入信号，按遥控器的信源键，测试 HEF4052B 的 9 脚、10 脚电平值，填入表 12-2 中。

表 12-2　伴音信号选择电路电平测试表

信号	信号选择输出	遥控系统输出的二进制码 测试 HEF4052B（9 脚）电压	遥控系统输出的二进制码 测试 HEF4052B（10 脚）电压
1	AV1		
2	YPbPr（HDMI）		
3	AV2（VGA）		

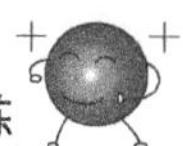

3. 伴音静音控制电路

（1）识读静音控制电路

对照电路图，在电路板上识读静音控制电路。

（2）伴音静音控制信号的测试

将电视机通电，任意接收一个节目，按照要求，在 Q_{602} 的 C 极处测试，填写表 12-3。

表 12-3　伴音静音控制信号测试表

操作要求	开机瞬间	关机瞬间	无台时（去掉天线）	按下遥控器静音键时
Q_{602}b 极的电压				
Q_{602}c 极的电压				

4. 伴音功放电路

（1）识读伴音功效电路

对照电路图，在电路板上识读伴音功放电路。重点认清信号输入电路、输出电路、供电电路、静音电路。

（2）测试伴音功放电路的电参数

项目十三　LVDS 信号传输原理与维修技能训练

【教学目标】

1）掌握液晶电视机 LVDS 信号的传输知识。

2）掌握液晶电视机 LVDS 线的识别方法。

【工作任务】

1）掌握液晶电视机 LVDS 信号传输的工作原理。

2）掌握液晶电视机 LVDS 线的识别方法与维修技能。

相关知识

一、主电路板向液晶屏传输信号的方法

信号经缩放电路格式变换之后，输出的信号为 TTL 高低电平型的并行信号，这种信号电压较高（3V/0V），数量多（几十路），频率高。一般是不能直接送往液晶显示屏的，否则会产生各种干扰。为了实现高速、低噪声、远距离、高稳定传送信号，目前，液晶电视机都采用 LVDS 技术来传送信号。所谓 LVDS，是低电压差分信号的缩写。

1. LVDS 传输信号的工作原理

（1）LVDS 电路的组成

LVDS 电路由主板侧的 LVDS 信号发送器和液晶屏面板侧的 LVDS 接收器组成，发送器和接收器成对共存，一个负责编码发送信号，一个负责接收译码信号。

（2）LVDS 电路的工作原理

LVDS 信号发送器将前级电路送来的 RGB 信号和各种控制信号（并行的）转换成低电压的串行信号，信号电压的偏置为 1.2V，数据信号电压的摆幅为 350mV，即信号电压在 1.2V±350mV 变化，同一个数据信号（每 bit）变成一对正向和负向的差分信号（1 变为 1/0，0 变为 0/1），在两条线路中同时传送出去，如图 13-1 所示。图中表示，任一个彩色像素点由 U_R、U_G、U_B 三基色模拟电信号组成，在 A/D 转换电路中，每个基色模拟电信号转变为 8bit 的数字电信号，假设红基色电信号的量化码为 1000 1100，这是电平为 3V/0V 的 TTL 并行信号，该信号在 LVDS 信号发送器中转化为电压在 1.2V±350mV 范围变化的一对差分串行信号，送往液晶显示屏。

绿、蓝基色的电信号依此方法传送。传送完一个像素点的电信号，再传送另外一个像素点的电信号。

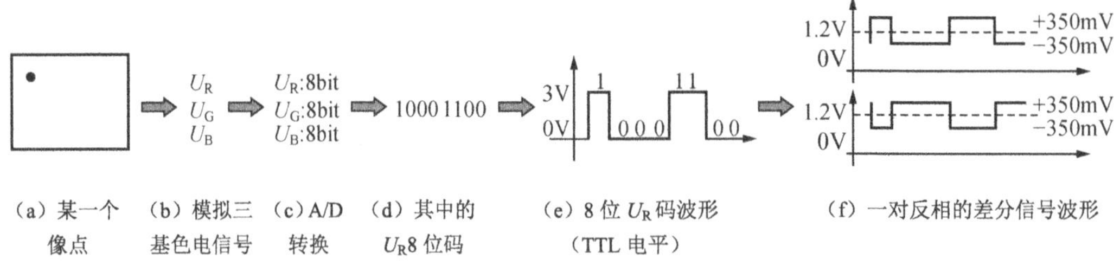

（a）某一个像点　（b）模拟三基色电信号　（c）A/D 转换　（d）其中的 U_R8 位码　（e）8 位 U_R 码波形（TTL 电平）　（f）一对反相的差分信号波形

图 13-1　差分信号传输方法

信号传送到液晶显示屏侧，经 LVDS 接收器译码，将串行的信号转变为并行的信号。在转变过程中，将两个差分信号相减，就可以抵消信号在传输中叠加的干扰信号，最后送入后级驱动电路。

2. LVDS 电路的信号传送流程图

LVDS 电路的信号传送流程图如图 13-2 所示。

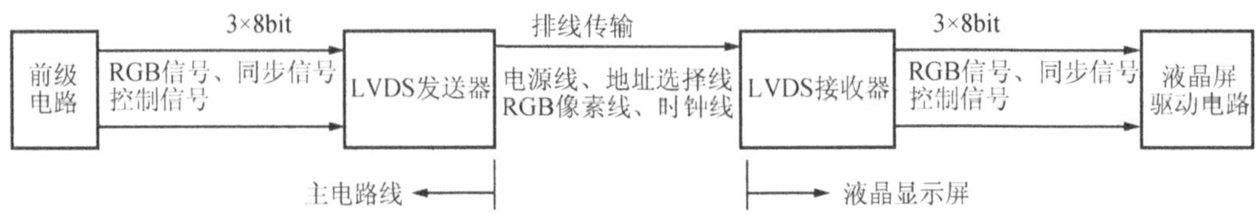

图 13-2　LVDS 电路工作原理

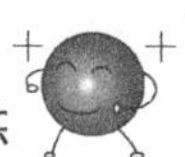

3. LVDS 发送器输出的信号

不同的数字板、液晶显示屏连接线的符号、功能及排线数量是不相同的。常见的送往彩色液晶屏连接线的名称、符号、功能如下。

1）一般以 Tx 表示发送信号，Rx 表示接收信号。

2）LVDS 发送器是以差分信号的形式传送信号的，故每组输出为两条线，一条线输出正信号，一条线输出负信号，如 Rx00+、Rx00-。

3）送往彩色液晶屏的（像素）时钟信号常表示为 TxCLKOUT0+、TxCLKOUT0-，或 TxOC-、TxOC+。

4）送往彩色液晶屏的数据输出线一般较常见的有 3 对、4 对、8 对这几种。一般每一对线不具体表示传送何种数据，即不能从具体的一对线中知道其传送的是什么内容。虽不知各对数据输出线的传输内容，但各条数据线还是有符号标注的，更换电路板或液晶屏时，不能随意连接，要核对功能，正确连接，彩色液晶屏才能正常工作。

5）与彩色液晶屏相连接的线，还有液晶屏电路的工作电源线，一般加有 Vcc 字样。不同液晶屏的工作电压是不同的，大部分液晶屏的工作电压为 5V 或 12V，送入液晶屏的电压值、线的位置千万别弄错，否则就会烧坏液晶屏电路。

二、液晶屏连接引线的识别

主电路板与液晶屏之间的连接线主要有 12V 电源正负线、RGB 信号线、时钟信号线、格式控制信号线等。这些线的识别方法如下。

1）先分清排线脚的顺序。在排线接口的一侧（一般是左侧），常有一个圆点标志，最靠近该脚的线为 1 号线，有时电路板上标有号码或符号，也可容易认出来。

2）电源线正极线一般为红色，且有多条，但为单股多芯线；地线一般为黑色，也有多条，也为单股多芯线；控制信号线也为单股多芯线，如图 13-3 所示。

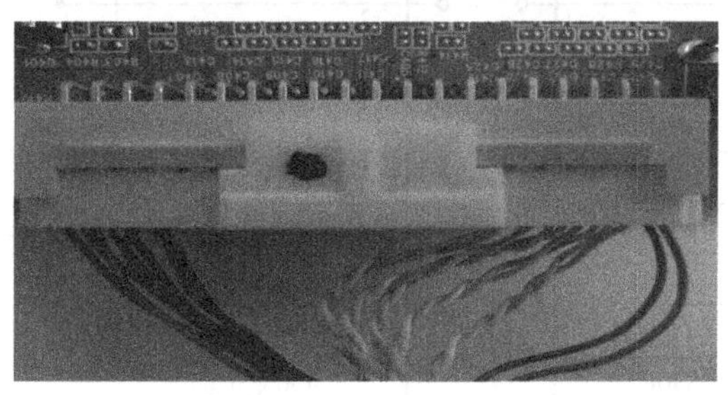

图 13-3 引线的识别

3）绞合在一起的两根线一定是同一组的 RGB 数据线或时钟线，且插在相邻的两个引脚中，排在前面的一根为差分信号的“-”线，后一根为差分信号的“+”线，如图 13-4 所示。

4）通常 RGB 数据线一般排在前面，时钟线排在后面，即前 3 组为数据线，后 1 组

为时钟线。

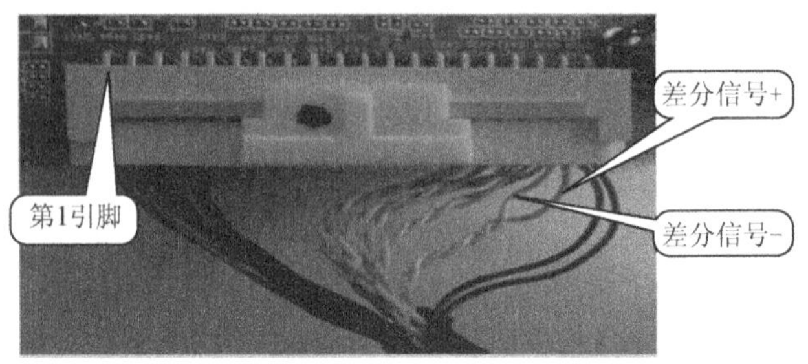

图 13-4　差分信号引线的识别方法

5）实际应用液晶屏连接线路原理图。TCL19P21 型液晶电视机的实际应用的液晶屏连接线的名称、标号原理图如图 13-5 所示。

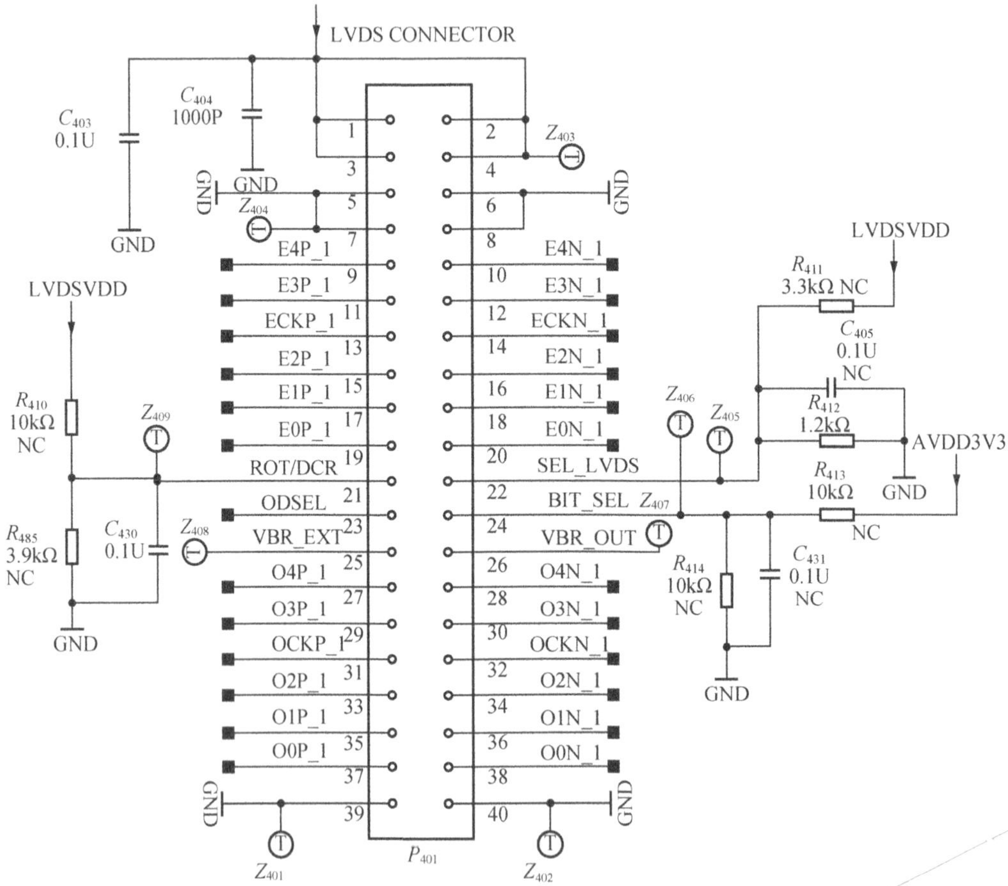

图 13-5　液晶屏连接线图

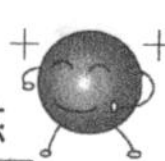

任务实施

一、实习器材准备

液晶电视机、常用的防静电工具、常用的维修工具和指导书等。

二、液晶电视机 LVDS 连接线专题训练

1. LVDS 连接线的识读

1）识读连接线的顺序，认清液晶屏供电线、地线和信号线。
2）按照要求填写表 13-1。

表 13-1　LVDS 线引脚功能识读表

引脚	1	2	3	4	5	6	7	8	9	10	11	12	13	14	15
功能															
引脚	16	17	18	19	20	21	22	23	24	25	26	27	28	29	30
功能															
引脚	31	32	33	34	35	36	37	38	39	40	41	42	43	44	45
功能															

2. LVDS 连接线的拆装训练

戴好防静电手环，将电视机关机，从两外端往里压扣子，再往外拔插头，拆下连接插头。观察其结构，再把它装回去。

项目十四　HDMI 接口电路的工作原理与维修技能训练

【教学目标】

1）掌握液晶电视机 HDMI 信号的传输知识。
2）掌握液晶电视机 HDMI 线的识别方法。

【工作任务】

1）掌握液晶电视机 HDMI 信号传输的工作原理。
2）掌握液晶电视机 HDMI 线的识别方法与维修技能。

相关知识

现在生产的液晶电视机都可以与电脑主机进行连接，作为显示器使用。较早期的电脑主机与显示器的连接方法、电脑主机与投影器的连接方法为模拟形式的 VGA 口，后来又发展为数字形式的 DVI 口，由于 DVI 连接方式的线较多，现已采用性能更好的 HDMI 连接方式。

一、DVI 接口的连接方式

1. DVI 的含义

DVI 是 Digital Visual Interface 的缩写，其意是数字视频接口，可以是输入接口，也可以是输出接口。不论是输入接口，还是输出接口，DVI 接口端传输信号的格式都为 TMDS 信号格式。TMDS 是“最小化传输差分信号”的意思，TMDS 传送信号时，把电压较高、并行输出的 TTL 信号变为小电压振幅、差分形式的串行信号来传送，与 LVDS 传输信号的方法完全相同。

2. DVI 接口端子的名称

DVI 接口端子的名称、实物图如图 14-1 所示，共有 28 个脚（图中没画完，模拟信号引脚没有画出来）。

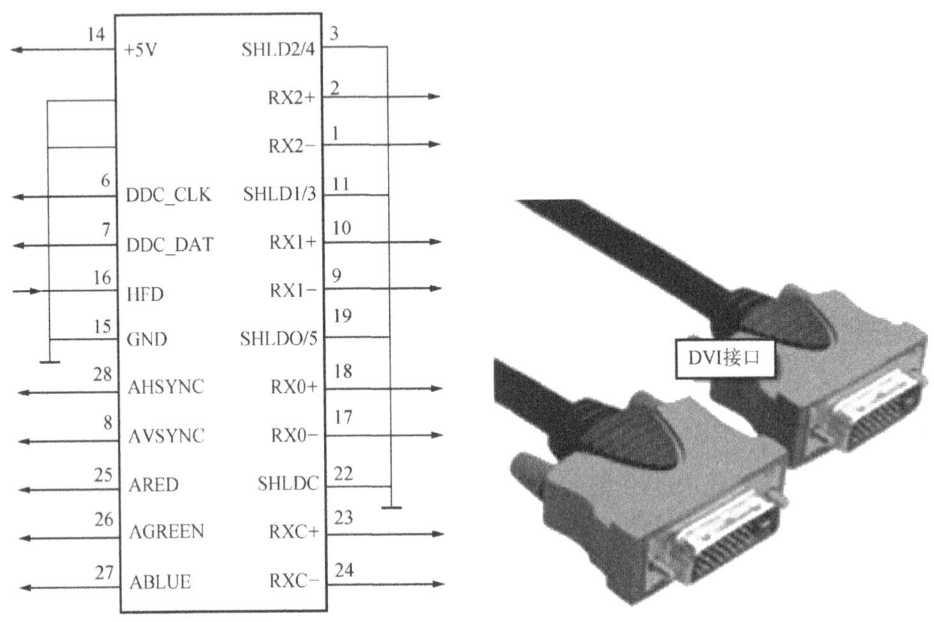

图 14-1　DVI 接口端子的名称

3. 主要端子的作用

1）DVI 接口端子的 6 脚、7 脚为电脑主机与 LCD 电视机进行 I^2C 通信的脚；14 脚为电脑主机向电视机存储器供电脚。

2）DVI 接口端子的 16 脚为热插拔工作状态检测脚（HPD）。当 DVI 接口处于接通状态时，5V 电压加到该脚，该脚为高电平，送回电脑主机中，电脑主机检测到该脚为高电平后，即向 LCDTV 传送信号；当 DVI 接口处于断开状态时，该脚为低电平，电脑主机检测到该脚为低电平后，即不再向 LCDTV 传送信号。

3）DVI 接口用于传输数字信号时，DVI 接口端子 1 脚、2 脚，9 脚、10 脚，17 脚、18 脚为 RGB 三对数字差分信号输入脚；23 脚、24 脚为数字时钟差分信号输入脚；其他脚没使用。

4）DVI 接口也可以传输模拟电视信号。8 脚为模拟场同步信号输入，28 脚为行同步信号输入，25 脚、26 脚、27 脚为 RGB 三基色模拟信号输入。

请注意，DVI 接口是不能同时传输数字信号与模拟信号的，只能传输一种信号，此时，其他端子空着不用。

4. DVI 连接方式的应用

用 DVI 连接方式来传输信号时，主要应用在手提电脑与投影机之间的连接、台式电脑主机与液晶屏显示器之间的连接。

二、HDMI 接口的连接方式

目前生产的电视机都具有 HDMI 接口，它是 DVI 接口的改进，去掉了 DVI 接口中模拟信号传输的脚，只采用数字方式来传输信号，故引脚数与体积都大为减少。

目前，HDMI 连接端子主要应用在机顶盒与液晶电视机之间等地方。

1. HDMI 端子的引线名称及用途

HDMI 端子的实物图如图 14-2 所示，各端子的名称及作用如下。

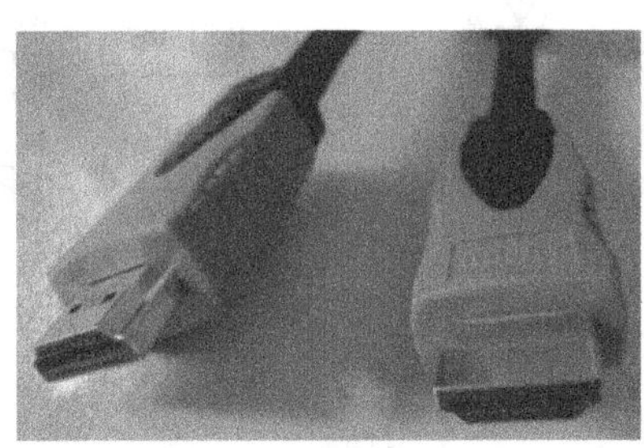

图 14-2　HDMI 实物图

1）HDMI 插座的 1 脚和 3 脚、4 脚和 6 脚、7 脚和 9 脚为 3 个通道（2 通道、1 通道和 0 通道）的 TMDS 数字信号，信号直接送到 CPU（U001）的电路中进行处理。

2）HDMI 接口的 10 脚、12 脚为 TMDS 时钟信号，信号直接送到 CPU（U001）的电路中进行处理。

3）HDMI 接口的 18 脚为 5V 供电，机顶盒、电脑主机等设备的 5V 电压通过 HDMI 接口的 18 脚送到液晶电视，和液晶电视机电源产生的+5V 电压共同对 CPU 进行供电，

因此，即使液晶电视不开机，液晶电视机中的存储器也可以工作，方便 HDMI 设备随时读取液晶电视机中 DDC 存储器中的信息。

4）HDMI 接口的 19 脚为热插拔检测（HPD）端，HPD 是从液晶彩电输出送往 HDMI 设备的一个检测信号，机顶盒等 HDMI 设备可以通过 HPD 引脚检测出 HDMI 的连接情况，以便作出相应的响应。

5）HDMI 接口的 15 脚、16 脚为 I^2C 总线信号传输脚，以使信号在传输过程中协调一致。

2. HDMI 接口应用电路

在 TCL19P21 型液晶电视机中，HDMI 接口应用电路如图 14-3 所示，HDMI 信号经连接电缆传送到机器主板的 HDMI（P_{203}、P_{204}）插座上。

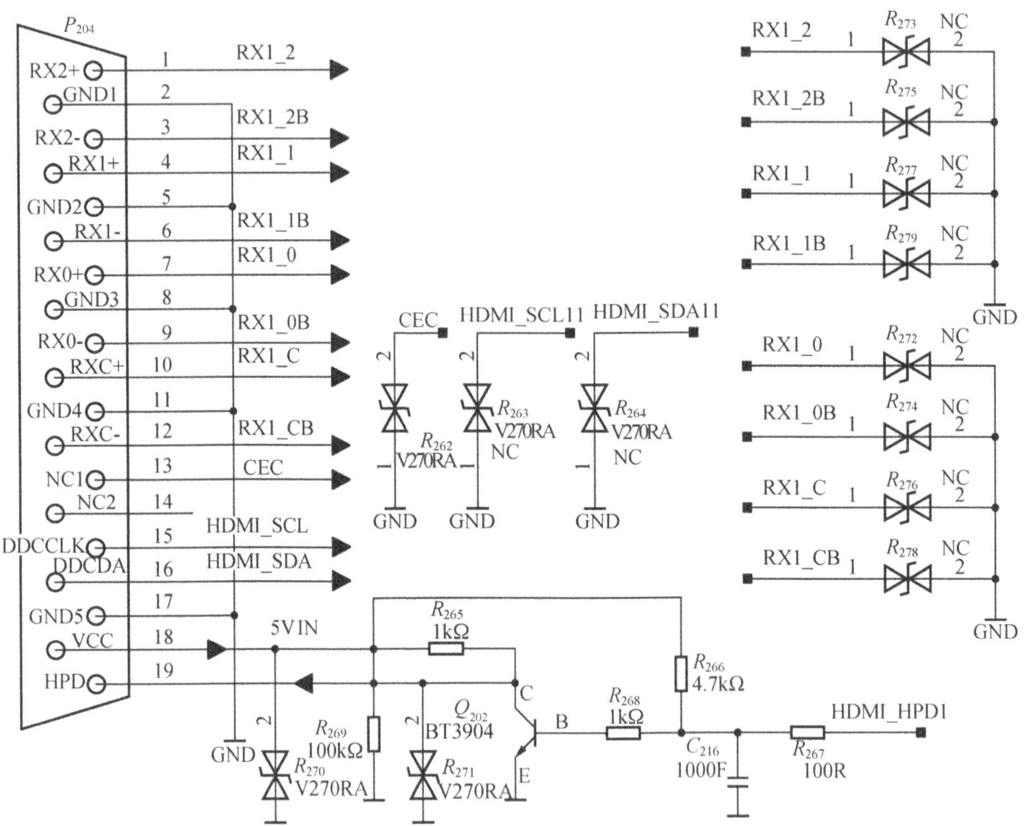

图 14-3　HDMI 接口电路

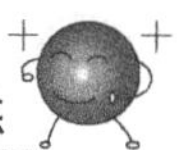

任务实施

一、实习器材准备

液晶电视机、常用的防静电工具、常用的维修工具和指导书等。

二、液晶电视机 HDMI 连接头识读专题训练

1. HDMI 连接线的识读

识读连接线的顺序，认清 HDMI 供电线、地线和信号线。

2. HDMI 连接线功能的识别

按照要求，认清电路板，填写表 14-1。

表 14-1　HDMI 连接线功能识读表

引脚	1	2	3	4	5	6	7	8	9	10
功能										
引脚	11	12	13	14	15	16	17	18	19	20
功能										

项目十五　VGA 接口电路的工作原理与维修技能训练

【教学目标】

1）掌握液晶电视机 VGA 信号的传输知识。
2）掌握液晶电视机 VGA 线的识别方法。

【工作任务】

1）掌握液晶电视机 VGA 信号传输的工作原理。
2）掌握液晶电视机 VGA 线的识别方法与维修技能。

相关知识

较早期的电脑主机与显示器的连接方法、电脑主机与投影器的连接方法为模拟形式的 VGA 口，现在很多场合仍在使用。

一、VGA 接口的结构

1. VGA 连接口的外形结构

VGA 连接口的外形结构如图 15-1 所示。

2. VGA 连接口的引脚排列

VGA 连接口引脚的排列方法如图 15-2 所示。各引脚的功能作用如表 15-1 所示。

图 15-1　VGA 连接口的外形结构

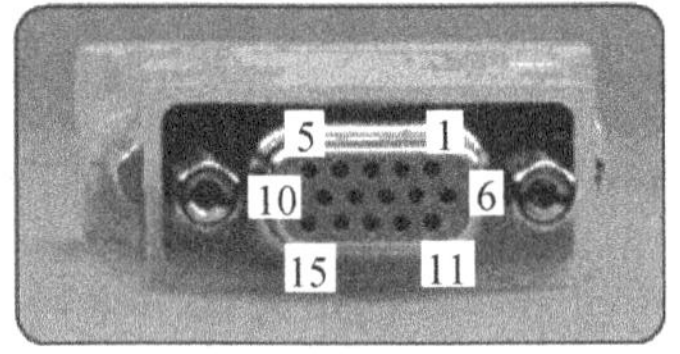

图 15-2　VGA 连接口引脚排列图

表 15-1　VGA 连接口引脚功能表

引脚	1	2	3	4	5	6	7	8
功能	红信号	绿信号	蓝信号	地址码	地	红地	绿地	蓝地
引脚	9	10	11	12	13	14	15	
功能	地	地	地址码	地址码	行同步	场同步	地址码	

二、VGA 连接口的应用

电脑主机与显示器之间、电脑主机与投影器之间传输图像信号时，可以采用 VGA 连接口来进行传输。VGA 连接口只能传输模拟图像信号，不能传输数字图像信号，也不能传输伴音信号。

1. VGA 传输的信号

VGA 传输的信号主要有如下一些信号。

1）R、G、B 三基色模拟图像信号。

2）行场同步信号。

3）I^2C 总线控制信号，主要用于读取地址等参数，以及统一工作节拍。

4）VCC 供电 5V 工作电压，用于向电视机的存储器供电，使电视机在不开机的情况下，电脑主机也可以读取电视机存储器上的信息。

2. VGA 连接口传输信号实用电路

在 TCL 19P21 型液晶电视机中，VGA 连接口传输信号实用电路原理图如图 15-3 所示。

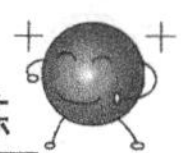

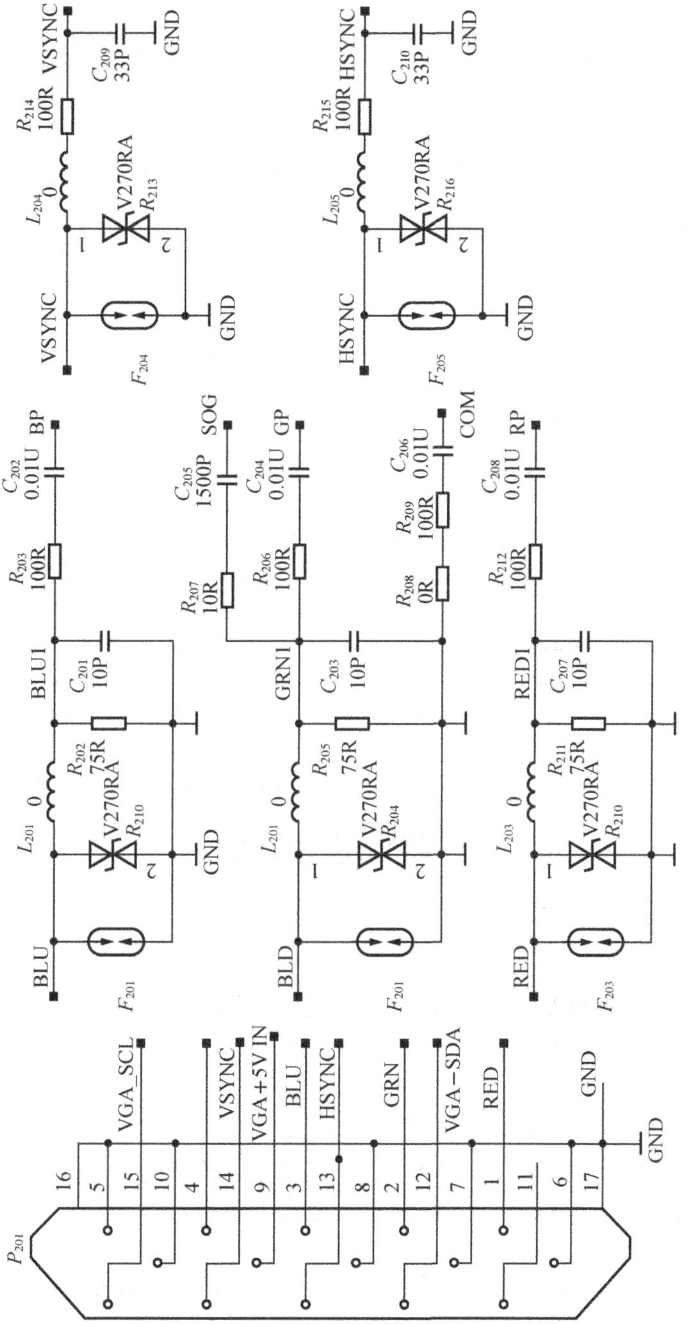

图 15-3　VGA 连接口电路图

任务实施

一、实习器材准备

液晶电视机、常用的防静电工具、常用的维修工具和指导书等。

二、液晶电视机整机识读专题训练

1. VGA 连接线的识读

识读连接线的顺序，认清 VGA 供电线、地线和信号线。

2. VGA 连接线功能的识别

按照要求，认清 VGA 接口的电路板，填写表 15-2。

表 15-2 VGA 连接口引脚功能表

引脚	1	2	3	4	5	6	7	8
功能								
引脚	9	10	11	12	13	14	15	16
功能								

项目十六 USB 与 RS232 接口电路的工作原理与维修技能训练

【教学目标】

1）掌握液晶电视机 USB 与 RS232 信号传输知识。
2）掌握液晶电视机 USB 与 RS232 线的识别方法。

【工作任务】

1）掌握液晶电视机 USB 与 RS232 信号传输的工作原理。
2）掌握液晶电视机 USB 与 RS232 线的识别与维修技能。

相关知识

USB 是一种常用的信号传输接口，只有 4 根线，2 根电源线，2 根信号线。因为信号是串行传输的，USB 接口也称为串行口，USB 2.0 的速度可以达到 480Mbps，可以满足各种工业和民用需要。

一、USB 连接口的结构

1. USB 连接口的识别

USB 连接口的 4 根线的颜色、排列顺序、作用如图 16-1 所示。中间两根为信号线，两旁的为供电线，当 U 盘等设备与电脑连接后，电脑首先供给所接硬件（U 盘）一个 5V 的电压，使所连接的硬件（U 盘）能正常工作，通电后再通过中间的信号线传送所有信息。

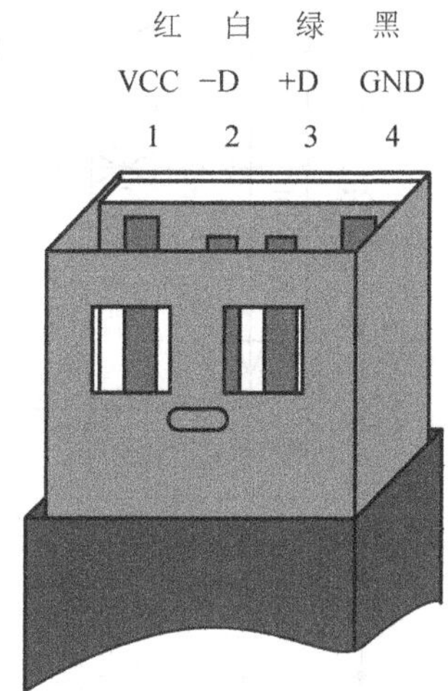

图 16-1　USB 连接线的识别

2. 使用注意事项

在使用过程中，需要注意的是千万不要把正负极弄反了，否则会烧掉 USB 设备或者烧坏电脑的芯片。

二、USB 连接口的应用

1. USB 连接口的应用

USB 连接口的特点是电路简单，传输效果较好，故应用很广泛，如鼠标连接头、U 盘连接头、打印机连接头等，都采用 USB 连接口。

2. USB 连接口应用电路

USB 连接口只有 4 条引线，而且排列很有规律，接口电路也不是很复杂，但电源输出端电路的内部有 1 个专用的稳压控制电路，如图 16-2 所示。图中 RT9711 是 1 个专用稳压 IC，具有+5V 输出电流过流（短路）保护、输入电压欠压保护功能，确保输出电压正常，同时还有 USB 盘插入与拔出识别功能。RT9711 的内部结构如图 16-3 所示。

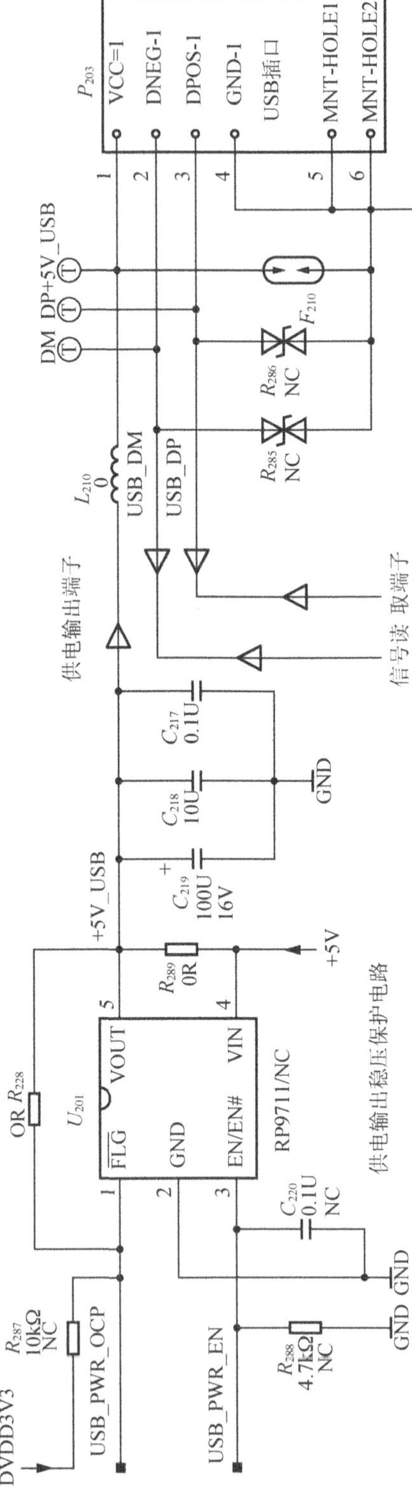

图 16-2 USB 接口电路

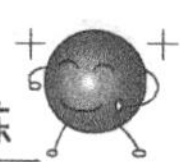

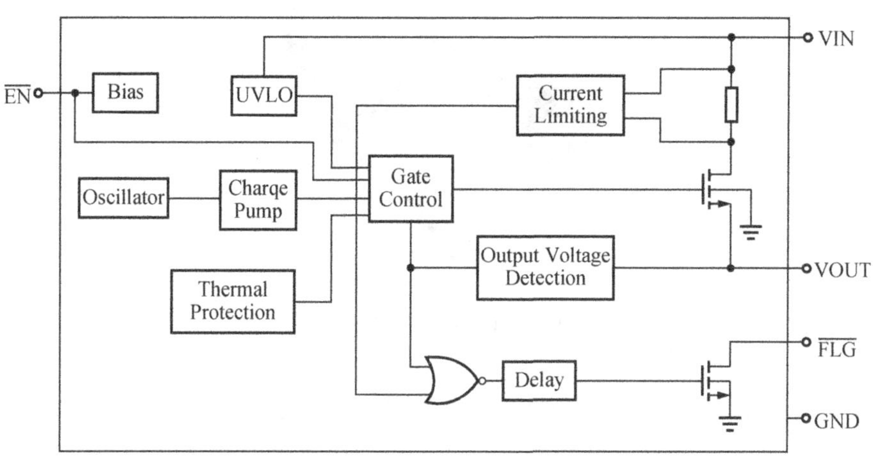

图 16-3　RT9711 内部电路图

三、RS232 接口电路

1. RS232 的含义

RS232 接口是 1970 年由美国电子工业协会（EIA）联合贝尔系统、调制解调器厂家及计算机终端生产厂家，共同制定的用于串行通信的标准。它的全名是"数据终端设备（DTE）和数据通信设备（DCE）之间串行二进制数据交换接口技术标准"。RS232 接口，又称之为 RS232 口、串口、异步口或一个 COM（通信）口。

2. RS232 的结构

RS232 外形的结构与 VGA 相似，但引脚数却较少，只有 9 个，外形与引脚的排列顺序如图 16-4 所示。

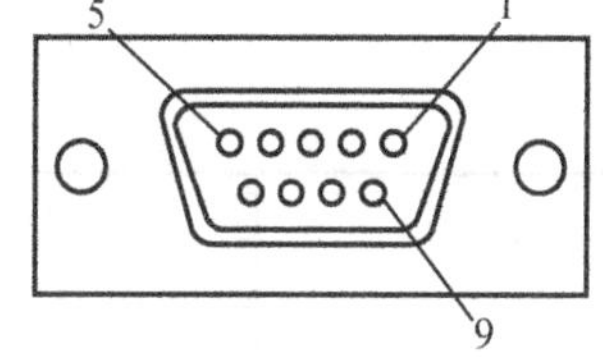

图 16-4　RS232 结构图

3. RS232 各引脚的功能

RS232 各引脚的名称、功能见表 16-1。

表 16-1　RS232 引脚名称、功能表

引脚	1	2	3	4	5	6	7	8	9
符号	DCD	RXD	TXD	DTR	SG	DSR	RTS	CTS	RI
功能	载波检测	接收数据	发送数据	数据终端准备好	信号地	数据准备好	请求发送	允许发送	振铃提示

4. RS232 接口与 USB 接口之间的转换

由上表可见，RS232 与 USB 接口的功能是很相似的，有时两者可以互相转换，市面上有专用的转接线，如图 16-5 所示。

图 16-5　USB 与 RS232 转接线

任务实施

一、实习器材准备

液晶电视机、常用的防静电工具、常用的维修工具和指导书等。

二、液晶电视机整机识读专题训练

1. USB 连接线的识读

识读连接线的顺序，认清 USB 供电线、地线和信号线。

2. USB 连接线功能的识别

按照要求，认清 USB 电路板，填写表 16-2。

表 16-2　USB 引脚名称、功能表

引脚	1	2	3	4
符号				
功能				

3. USB 稳压电路的识别

在电路板上识别 RT9711 稳压集成电路，测试其输出电压。

4. RS232 连接线的识读

识读连接线的顺序，认清 RS232 供电线、地线和信号线。

5. RS232 连接线功能的识别

认清电路板上 RS232 接口电路，填写表 16-3。

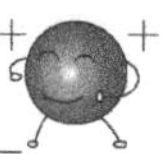

表 16-3 RS232 引脚名称、功能表

引脚	1	2	3	4	5	6	7	8	9
符号									
功能									

项目十七 面板接口电路的工作原理与维修技能训练

【教学目标】

1）掌握液晶电视机面板接口电路的知识。
2）掌握液晶电视机面板接口电路电参数的测试方法。

【工作任务】

1）掌握液晶电视机面板接口电路的工作原理。
2）掌握液晶电视机面板接口电路电参数的测试与维修方法。

相关知识

一、面板按钮信号的输入

1. 面板输入连接头

在 TCL19P21 型液晶电视机中，面板输入的连接头为 P_{004}，各引脚功能如表 17-1 所示，电路原理图如图 17-4 所示。

表 17-1 面板输入连接头引脚功能表

引脚	1	2	3	4
符号	3.3STB	KEY	GND	+5V
功能	3.3V 待机供电	键盘信号输出	接地	+5V 供电

2. 面板按钮信号的工作原理

在 TCL19P21 型液晶电视机中，面板按钮的电路结构原理图如图 17-1 所示。

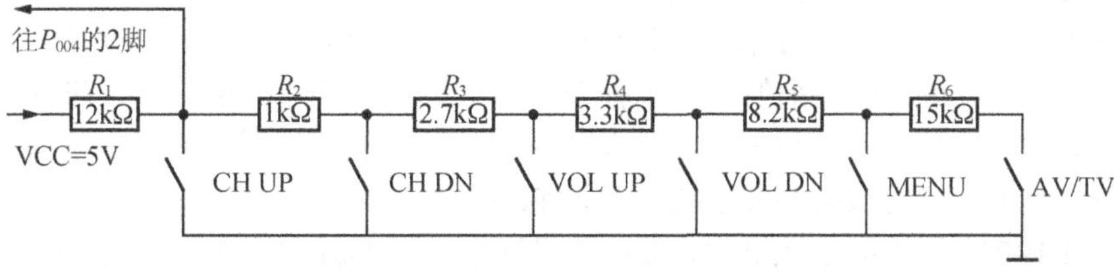

图 17-1 面板按钮电路

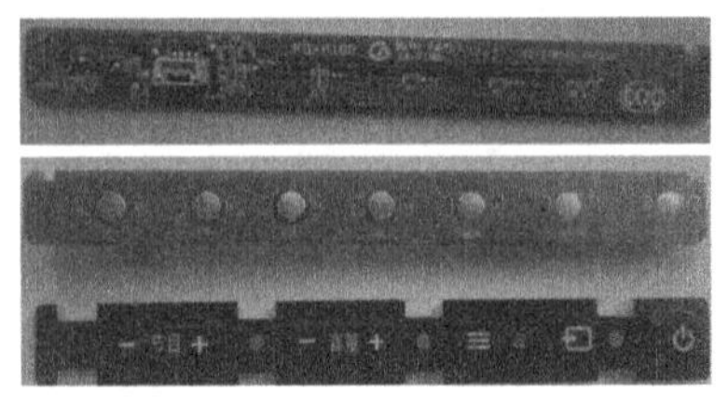

图 17-2 面板按钮实物电路板

图中各个开关是轻触开关，不需要单独的 IC 进行处理，按键信号直接送到 CPU 进行处理。面板共有 6 个按键，按下不同的按键，5V 电压经电阻串联分压后，电压大小是不同的，从 P_{004} 的 2 脚输入 CPU，进行 A-D 转换，经过与预先设定的数据进行比较运算，CPU 就可判断是什么键被按下，以及该键代表什么功能，然后完成相应操作。面板按钮实物电路板如图 17-2 所示。

二、遥控信号的输入

1. 面板输入连接头

在 TCL19P21 型液晶电视机中，遥控信号输入的连接头为 P_{003}，各引脚功能见表 17-2，电路原理图参见图 17-4。

表 17-2 遥控信号输入连接头引脚功能表

引脚	1	2	3	4	5	6	7
符号	3.3STB	IR	GND	LED	5V	LOGO	LIGHTSENSOR
功能	3.3V 供电	遥控信号输入	接地	LED 灯控制电压	5V 供电	LOGO 信号输入	环境亮暗感应输入

2. 电路工作原理

遥控接收头的外形结构、内部电路组成如图 17-3 所示。

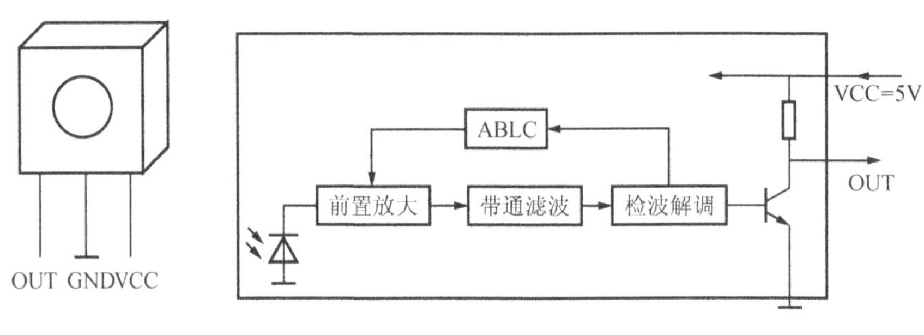

（a）外部结构图　　（b）内部结构图

图 17-3 遥控接收电路结构图

遥控接收头使用 38kHz（02-IRR007-XX1）的接收头，在 3.3V 或 5V 正常供电的情况下，接收头能够接收到遥控器发出的遥控指令信号。

红外线遥控发射器发射过来的红外线信号被光敏二极管接收后，送前置放大电路中进行放大，为了防止发射过来的信号因强弱变化太大而影响正常的工作，前置放大电路中加有自动电平控制电路（ABLC），放大后的信号经带通滤波器去掉干扰信号，再经检波、解调、放大，即可成为与发射前一致的脉宽调制信号。

在 TCL19P21 型液晶电视机中，遥控信号通过主板 P_{003} 的第 2 脚送到 CPU，从而实现遥控功能，电路原理图如图 17-4 所示。

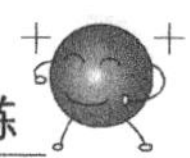

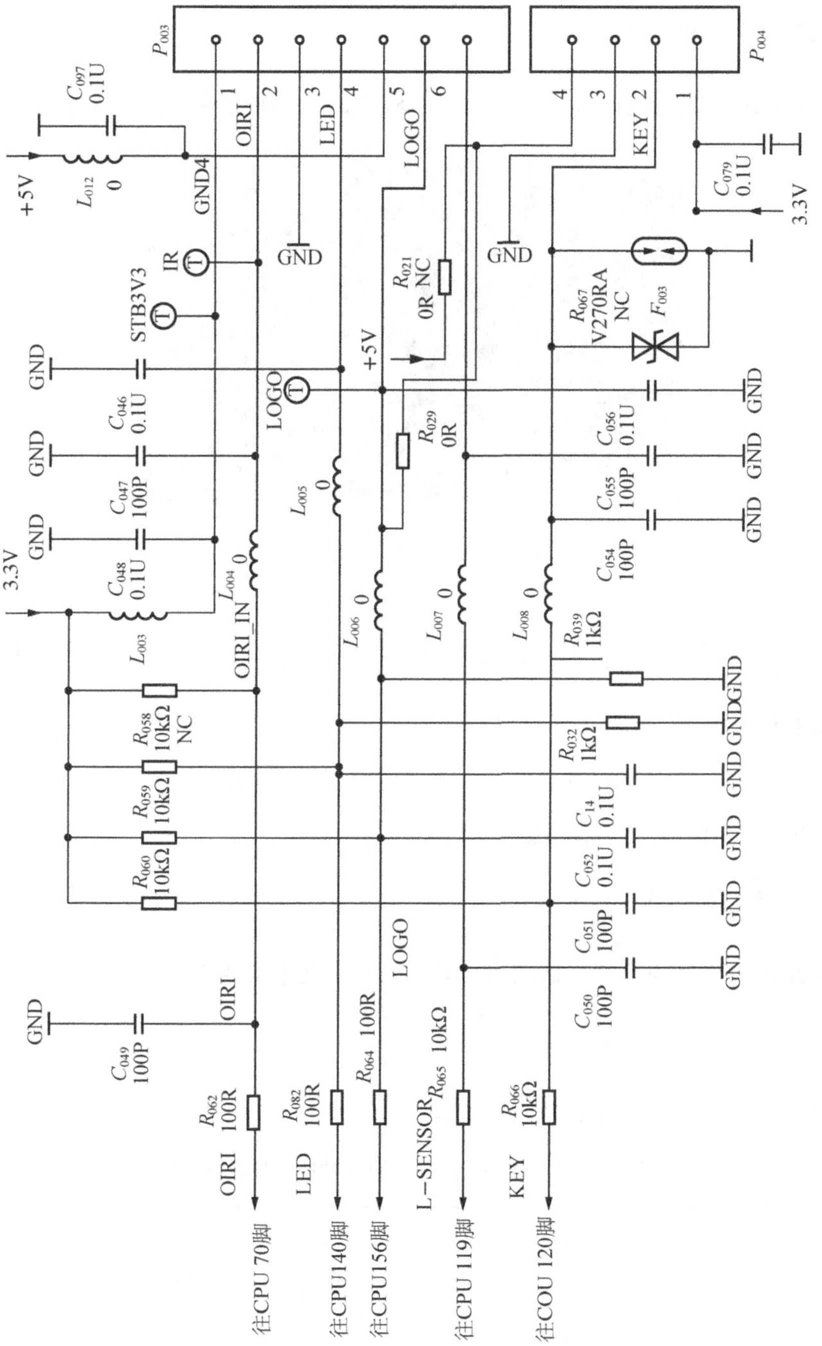

图 17-4　遥控与面板连接插座线路图

3. 关键点电压的测量

TCL 19P21 型液晶电视机的遥控信号接收电路实物板的测试位置如图 17-5 所示。

图 17-5 遥控板关键点电压的测量位置

任务实施

一、实习器材准备

液晶电视机、常用的防静电工具、常用的维修工具和指导书等。

二、液晶电视机面板电路识读专题训练

1. 面板输入电路连接线的识读

识读面板连接线的顺序，认清供电线、地线和键盘信号线。

2. 面板输入电路连接线功能的识别

1）按照要求，认清 KEY 电路板，填写表 17-3。

表 17-3 面板输入连接头引脚功能、电压测试表

引脚	1	2	3	4
符号	3.3STB	KEY	GND	+5V
功能				
电压				

2）KEY 电压的测量。将电视机通电，测试各个脚的电压，填入表 17-3 中。请注意按不同的按键时，KEY 的电压有无变化。

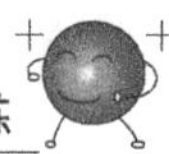

3. 遥控输入电路连接线的识读

识读连接线的顺序，认清供电线、地线和遥控输入信号线。

4. 遥控输入电路连接线功能的识别

（1）识读遥控电路板

按照要求，认清遥控电路板，填写表 17-4。

表 17-4　遥控输入连接头引脚功能、电压测试表

引脚	1	2	3	4	5	6	7
符号	3.3STB	IR	GND	LED	5V	LOGO	LIGHTSENSOR
功能							
电压							

（2）开机收台，遥控电压的测量

电视机通电，测试各个脚的电压，填入表 17-4 中。请注意按不同的按键时，遥控信号的电压有无变化。

（3）开机收台，遥控波形的测量

示波器在接线端子的 2 脚处测量，按动遥控器的按钮，看波形如何变化，并画出波形。

项目十八　背光灯电路的工作原理与维修技能训练

【教学目标】

1）掌握液晶电视机背光灯电路的知识。
2）掌握液晶电视机背光灯电路的测试与维修方法。

【工作任务】

1）掌握液晶电视机背光灯电路的工作原理。
2）掌握液晶电视机背光灯电路的测试与维修技能。

相关知识

液晶显示屏里的液晶材料是不会发光的，需要借助外界光源所发出的光，并通过各个像素点的液晶分子，控制各个像素点的通光情况，液晶显示屏才能显示出图像。液晶电视机使用的外光源系统因安装在液晶显示屏的背后，故称之为背光源，整个背光源系

统由发光源、均光器件、驱动电路这几部分组成。

在 LED 灯应用于液晶电视机中作为背光源系统的发光源之前，液晶电视机都采用冷阴极荧光灯（CCFL）作为发光源，冷阴极荧光灯具有启动快、易做成各种形状、光通量较大、发光色温好等优点，但也存在驱动电路较复杂、灯管易打破、使用寿命较短、能耗较大的不足之处。随着 LED 灯制造与应用技术的日臻完善，目前生产的液晶电视机已普遍采用 LED 灯作为背光源系统的发光源。下面对液晶电视机 LED 背光源驱动电路的组成、工作原理做系统的介绍。

一、LED 背光源驱动电路的组成

1. LED 灯条的结构

液晶电视机背光源所用的 LED 灯属于中、大功率的发光二极管，单个管的工作电压约为 3～3.5V，电流约为 100～120mA，功率约为 0.3～0.5W。为了简化驱动电路，通常由多个发光二极管串联起来组成一个灯串，由一路电源来驱动；多个灯串在空间上再组成一个灯条，灯条的长度与液晶屏的长度相同；各个灯串的阳极并联在一起形成共阳极方式来供电，各个灯串的阴极则分开，与驱动电路形成回路，这种结构既可简化电路，又方便电视机进行调光控制。

以 TCL -L19P21 型液晶电视机为例，其背光源所用的 LED 灯条安装在底板下框边的边上，位置如图 18-1（a）所示，因该机是小屏幕电视机，故只有一个灯条，大屏幕电视机则有两个灯条，分别安装在上、下边框的边上。该灯条共有 84 个 LED 灯，每个灯的功率为 0.3W，由 6 个灯串组成，其电路图如图 18-1（b）所示。

2. LED 灯驱动电路的组成

液晶电视机背光源驱动电路属于 DC/DC 升压变换电路，把开关稳压电源电路送来的 12V 或 24V 的直流电压变换成电压为 40～100V、每路电流为 100 mA 以上、多路输出、能进行 PWM 调光、能进行开关机控制、保护功能又完善的直流电源，以使 LED 灯条按要求发光。但液晶电视机背光源驱动电路又不同于一般的 DC/DC 升压变换电路，其变换电路里一般没有振荡电路，而是用电视机的遥控系统送来的 PWM 调光信号，一方面利用 PWM 调光信号周期（也即频率）不变的特点，来作为升压变换电路功率开关管的驱动信号，完成升压的任务；另一方面又利用 PWM 调光信号占空比可变的特点，来作为调光控制信号，完成调光任务。故液晶电视机 LED 灯驱动电路由开关驱动信号形成电路、升压变换电路、恒流控制电路、PWM 调光与 ON/OFF 控制电路、过压过流过热保护电路等组成。

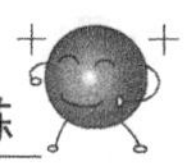

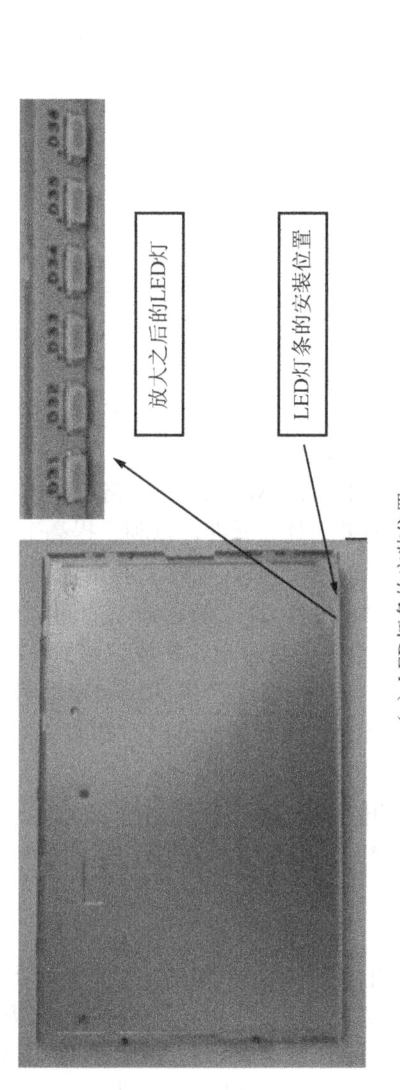

（a）LED灯条的安装位置

由84个LED灯组成的灯条(灯条由6个灯串构成，每个灯串由14个LED灯组成，各个灯串之间为共阳极连接)

VCC

LED1～LED14

LED15～LED28

LED29～LED42

LED43～LED56

LED57～LED70

LED71～LED84

（b）LED灯条的电路图

图 18-1　LED 灯条的安装位置及电路图

二、LED 背光源驱动电路的工作原理

1. 升压变换电路的工作原理

液晶电视机背光源升压变换电路的基本组成电路如图 18-2 所示。

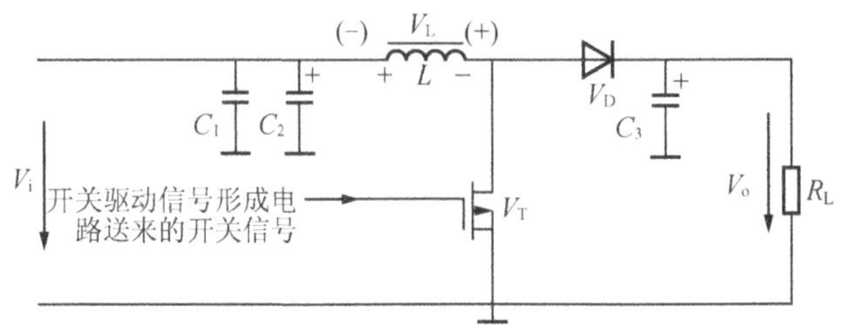

图 18-2 背光源升压变换基本电路

图中，C_1、C_2、C_3、V_D 为整流滤波元件，L 为储能电感，V_T 为功率开关管。V_T 在开关驱动信号形成电路送来的开关脉冲控制下，工作在开关状态，屏幕尺寸较小的液晶电视机的功率开关管一般与过流过压检测比较电路、PWM 调光电路等集成在一个芯片上；屏幕尺寸较大的液晶电视机的功率开关管则采用分立元件，以利于提高工作的稳定性。

当开关管饱和时，电感 L 与开关管 V_T 构成回路，电感上有电流流过而储存电能，电压极性为左正右负，整流二极管 V_D 截止，电容 C_3 上储存的电能向负载放电；当开关管截止时，电感上产生的反向电动势的极性为左负右正，整流二极管 V_D 导通，电感 L、整流二极管 V_D 与负载构成回路，输入电压 V_i 与电感上产生的反向电动势 V_L 相叠加后一起向负载供电，同时向电容 C_3 充电。当忽略二极管的压降时，即有 $V_o=V_i+V_L$，显然 $V_o>V_i$，达到了升压的作用。

电路中 C_2、C_3 不可使用一般的铝电解电容器，而应采用耐温 200℃以上、等效漏电阻小的固态陶瓷电解电容器，否则当散热不良时，会大大影响电容器与 LED 灯的使用寿命。

2. 恒流控制电路的工作原理

液晶电视机 LED 背光源电路驱动 LED 灯时，是以恒流方式、而不是以恒压方式进行的，即 DC/DC 升压变换电路是一个恒流源电路。因为，若采用恒压方式来驱动，当 LED 灯散热不良时，LED 灯的等效内阻会不断下降，流过 LED 灯的电流会不断上升，最终会大大缩短 LED 灯的使用寿命；另外，当流过 LED 灯的电流变化过大时，所发出光的颜色会发生改变，会影响电视机的色温，所以液晶电视机背光源的 LED 灯都采用恒流源来进行驱动。

为保证 LED 灯为恒流驱动，一般的方法是在 LED 灯串回路中串接一个检测电阻，如图 18-3 中的 R_2，当流过 LED 灯的电流发生变化时，其上的压降 V_f 随之发生变化，这一电压被送回控制电路（芯片）的 BF 端子，改变比较放大电路所输出的 PWM 调光控制信号的占空比，使 LED 灯的工作电流恢复到正常值。另外，R_2 还有一个重要的作用，就是其阻值的大小会直接影响 LED 灯正常工作电流，故通常又称之为电流设定电阻

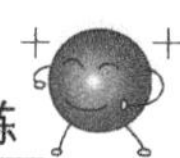

R_{SET}。实际上，同一个电源芯片可以设计成不同输出电流（即输出功率）的驱动电路，主要是通过改变 R_2 的阻值来实现的。

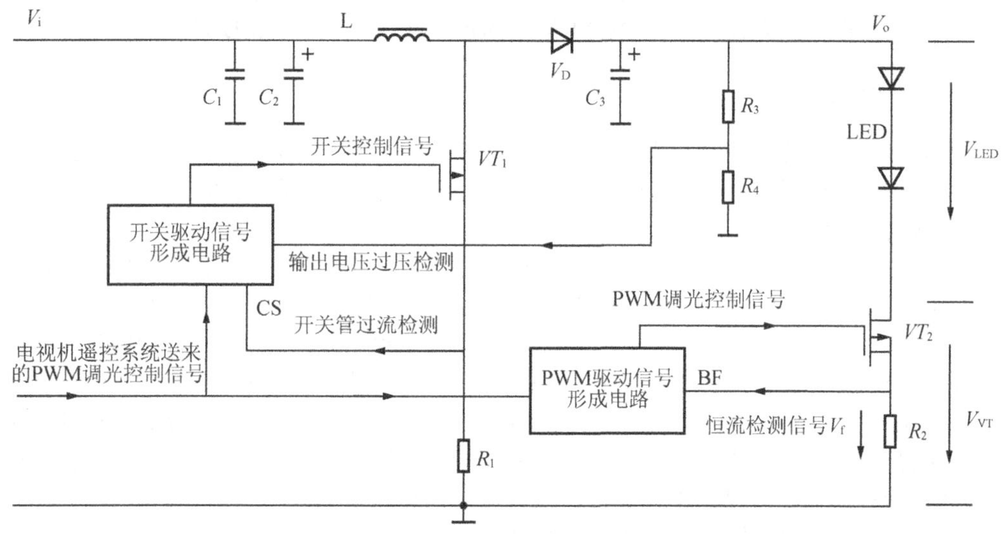

图 18-3　背光源驱动电路原理图

3. 液晶电视机背光源调光的方法

改变液晶电视机画面亮度的方法有两种：一种是通过改变叠加在图像亮度信号中的直流成分，即改变驱动液晶分子进行旋光的电场强度的大小，以改变像素点的光通量来实现亮度调节；另一种方法是，改变背光源的亮度来进行调光，这种调节通常称之为背光亮度调节。

参见图 18-3，液晶电视机背光亮度调节的方法是：当调节电视机的背光亮度时，电视机的遥控系统会向背光驱动电路送出一个 PWM 信号，PWM 信号的 $V_{P\text{-}P}$ 值不变、频率不变（约为 1kHz，不同的机 PWM 信号的频率有较大的差异），亮度由最小调到最大时，脉冲信号的峰峰值、周期、频率均不发生变化，只是占空比发生变化，占空比一般由 10%变化到 80%。在调光过程中，用万用表测量其电压有效值的变化范围时，一般在 0.2～4V 可变。

遥控系统送来的 PWM 信号，被 PWM 驱动信号形成电路处理后，送去控制 LED 灯串回路中的控制管 VT_2，VT_2 管在 PWM 信号每一个周期内的导通情况由信号占空比来决定，这样 VT_2 管可等效成一个可变电阻，即其源极对地电压降 V_{VT} 是可变的。LED 灯两端的电压 $V_{LED}=V_o-V_{VT}$，因阳极电压 V_o 是由开关驱动信号形成电路产生的开关信号对 VT_1 的控制来决定的，而开关驱动信号形成电路产生的开关信号是由遥控系统送来的 PWM 信号的频率来决定，与 PWM 信号的占空比无关，又 PWM 信号的频率是一个不变的量，故 V_o 也就是一个不变的量，即 LED 灯两端的电压 V_{LED} 由 PWM 调光信号的占空比来控制，LED 灯的亮度随 PWM 的占空比来变化，从而实现调光。

实际的故障维修表明，当液晶电视机的遥控系统送往背光电路的 PWM 信号中断之后，电视机会无光栅。这是因为 PWM 信号中断之后，一方面，开关驱动信号形成电路不工作、开关管截止（该开关信号由 PWM 信号的频率来控制）；另一方面，调光控制管 VT_2 也会截止（调光控制管由 PWM 信号的占空比来控制），LED 灯就无法亮了。

4. 各种保护电路

液晶电视机背光源驱动电路保护功能很完善，具有输出电压过压保护、开关管过流保护、LED 灯短路保护、驱动芯片过热保护等功能，有的电路还具有输入电压欠压保护、LED 灯过热保护功能。

输出电压过压保护电路的工作原理：用电阻串联分压电路对输出电压进行取样，参见图 18-3 中的 R_3、R_4，取样电压反馈到过压保护控制电路中（芯片输入脚常用 OVP 来表示），当检测到电压升高过多（超过 8%）时，表明输出电压过压，芯片内部的比较电路输出的控制信号会使升压变换电路中的功率开关管停止工作。有的驱动电路还利用输出电压过压保护电路的取样电压作为负载LED灯开路的检测信号，当LED灯负载开路时，取样电压会上升，驱动芯片即认定为负载开路或输出电压过高，使功率开关管停止工作。

开关管过流保护电路的工作原理：在升压变换电路中的功率开关管的源极对地的回路上，串接一个小阻值的电阻，参见图 18-3 中的 R_1，利用其上产生的电压降作为反馈信号，当开关管过流时，电阻上的压降上升，该电压被送往控制电路中（芯片输入脚常用 OCP 或 CS 来表示），让开关驱动信号形成电路停止工作，开关管截止而起到保护作用。

LED 灯短路保护的工作原理：用电阻串联分压电路对输出电压进行取样，取样电压反馈到过流保护控制电路中，当检测到电压下降过多时，芯片内部的比较电路输出的控制信号会让升压变换电路中的功率开关管停止工作。

驱动芯片过热与 LED 灯过热保护的工作原理：驱动芯片过热保护电路设在芯片内，当芯片过热时，升压变换电路中的功率开关管停止工作，以防烧毁芯片。当环境温度过高、散热不好、恒流驱动电路性能不好时，LED 灯的结温会不断升高，结温升高之后，LED 灯的发光强度会显著下降（即出现光衰），发光的颜色会发生改变（由白光向红光变化），LED 灯会过早老化、甚至烧毁。LED 灯过热保护电路的热敏电阻紧贴在 LED 灯的底部，利用热敏电阻阻值的变化来检测 LED 灯的温度，当温度上升过多时，芯片内的温度控制电路会改变 PWM 调光信号的占空比，让 LED 灯的工作电流适当下降，亮度适当降低，达到保护的目的。由于液晶电视机的工作环境、散热条件较好，故很多液晶电视机的 LED 背光源驱动电路不设置 LED 灯过热保护电路。

输入电压欠压保护电路的工作原理与输出电压过压保护电路的工作原理相同，不同的是把检测电阻设置在背光驱动电路工作电源的输入端处。

三、液晶电视机 LED 背光源驱动电路工作原理分析

应用在 TCL-L19P21 型液晶电视机上的 LED 背光源驱动电路如图 18-4 所示，该驱动电路根据实物电路板描绘所得，所用的驱动芯片为（9955H）1033A，主要元件的作用、关键点的电参数分析如下，供读者系统理解液晶电视机 LED 背光驱动电路的工作原理与维修此类电路时参考使用。

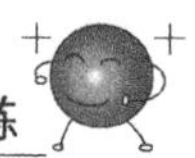

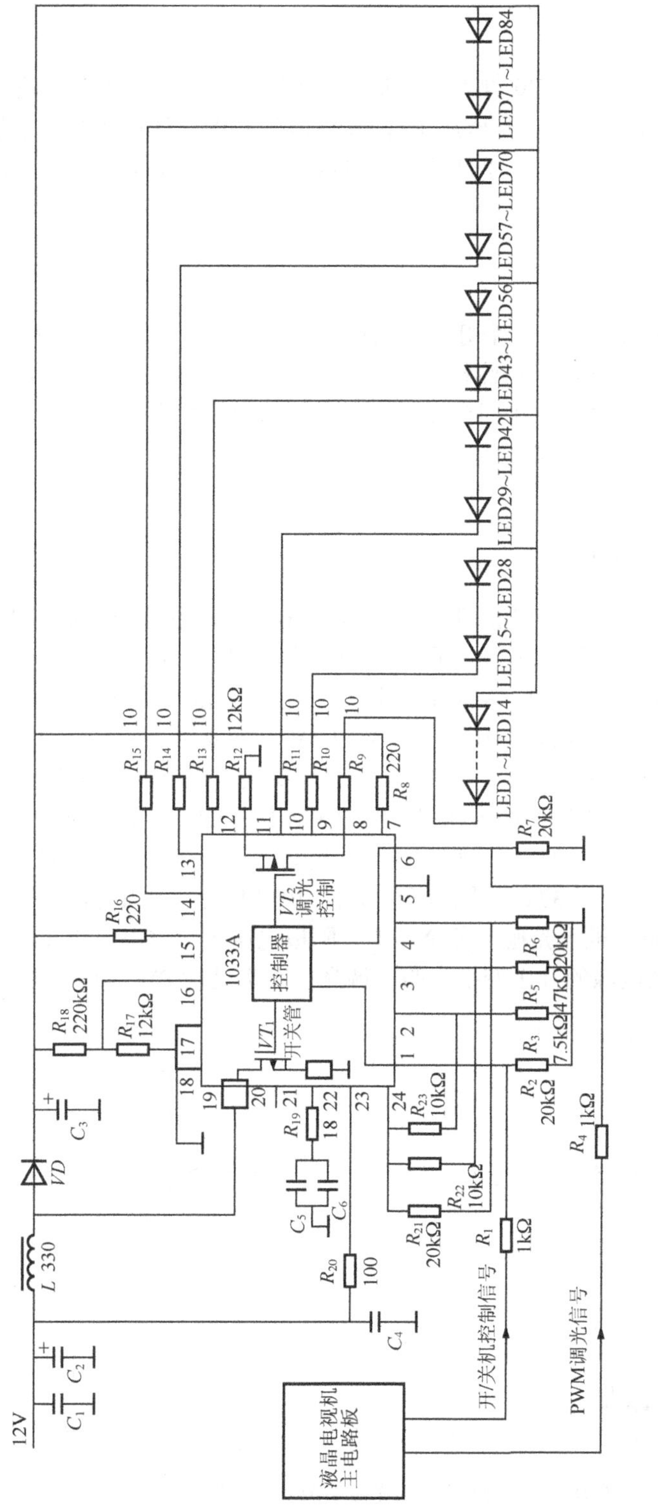

图 18-4　液晶电视机 LED 背光驱动电路原理图

1. 升压变换电路

升压变换电路由芯片 19 脚、20 脚内部电路（内接功率开关管）及 C_1、C_2、L、VD、C_3 等元件组成。供电电压为 12V，升压后 C_3 两端电压为 46V，送往各个灯串的阳极，每个灯串有 14 个 LED 灯，每个 LED 灯的工作电压为 3.3V、工作电流为 90mA、功率为 0.3W。

2. 恒流控制电路

6 个灯串共阳极连接在一起，各个灯串的阴极通过排阻之后，分别与芯片的 8 脚、9 脚、10 脚、12 脚、13 脚、14 脚（恒流检测脚）相连，在芯片内部，这些恒流检测端均连接到调光控制管 VT_2 的源极（图中只画出 8 脚与 VT_2 的源极相连），VT_2 的漏极通过电阻 R_{12} 与地构成回路，R_{12} 上的压降就是恒流检测信号，根据该信号，芯片能自动调节比较放大电路所输出的 PWM 调光控制信号的占空比，以实现恒流控制。

3. PWM 背光源调光电路

液晶电视机遥控系统送来的 PWM 调光信号经过 R_4、R_7 串联分压之后，从芯片的 6 脚输入，在 R_7 两端实测的波形如图 18-5 所示。在调光过程中，各个主要参数变化情况是：$V_{P\text{-}P}$=33.5V、T=1.1ms 稳定不变，只是占空比在变化；调光时，波形的占空比从 10% 变化到 80%；用万用表来测量时，电压值在 0.3～3.3V 范围变化，并且电视机每次开机时，PWM 信号的初始电压有效值设定为 2V；各个灯串共阳极电压有效值为 46V 稳定不变，这说明升压变换电路所输出的电压是不受 PWM 信号的占空比控制的；调光时，各个灯串的阴极电压有效值，如芯片 8 脚的电压，从 0.8～9V 可变，这说明加在每个灯串两端电压的有效值（在 45～37V 范围可变）是随 PWM 信号的占空比而变的；去掉 PWM 调光信号之后，电视机无光栅，各个灯串共阳极电压等于供电电压 12V，说明液晶电视机 LED 背光驱动电源的升压变换电路、调光电路都是由 PWM 信号控制的。

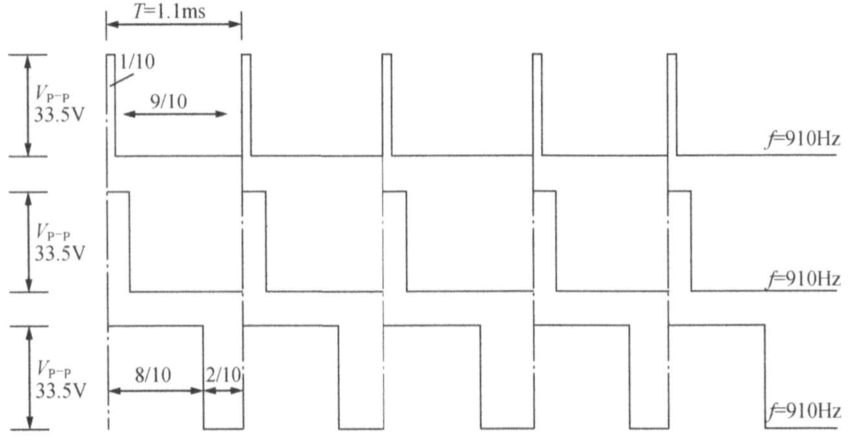

图 18-5　PWM 信号调光波形图及电参数

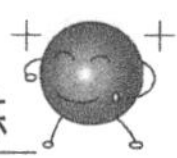

4. 遥控开关机 ON/OFF 控制电路

液晶电视机遥控系统送来的 ON/OFF 信号经过 R_1、R_2 串联分压之后，从芯片的 1 脚输入，当 1 脚为高电平 5V 时，电视机处于正常工作状态；为低电平 0V 时，则为待机状态。待机状态时，各个灯串共阳极电压等于供电电压 12V，说明待机状态时升压变换电路是停止工作的，当 ON/OFF 端开路时，电视机会无光栅。

在待机状态时，除了 ON/OFF 控制电压为低电平之外，电视机的遥控系统送往背光源驱动电路的 PWM 调光信号也会为零，调光控制回路截止，使 LED 灯停止工作。

可见，液晶电视机 LED 背光驱动电路遥控开关机控制是通过 ON/OFF 端子与 PWM 调光信号端子同时控制来进行的。

5. 保护电路

R_{17}、R_{18} 串联之后，接在 C_3 两端，构成升压变换电路输出电压过压保护、负载 LED 灯开路检测电路，检测信号从芯片的 16 脚输入，当输出电压过压或负载 LED 各个灯串都开路时，升压变换电路会停止工作，送往各个灯串共阳极电压等于供电电压 12V。但如果只有 1～2 灯串开路，则开路的灯串不亮，其他灯串还会正常发亮。

R_8、R_{16} 接在灯串阳极与芯片的 7 脚与 15 之间，起负载 LED 灯短路检测作用，正常工作时，此两脚的电压为阳极电压 46V，当负载短路时，此两脚的电压会急剧下降，芯片检测到此信号后，让升压变换电路、PWM 调光电路停止工作。

TCL19P21 型液晶电视机的背光灯控制电路板实物图如图 18-6 所示。

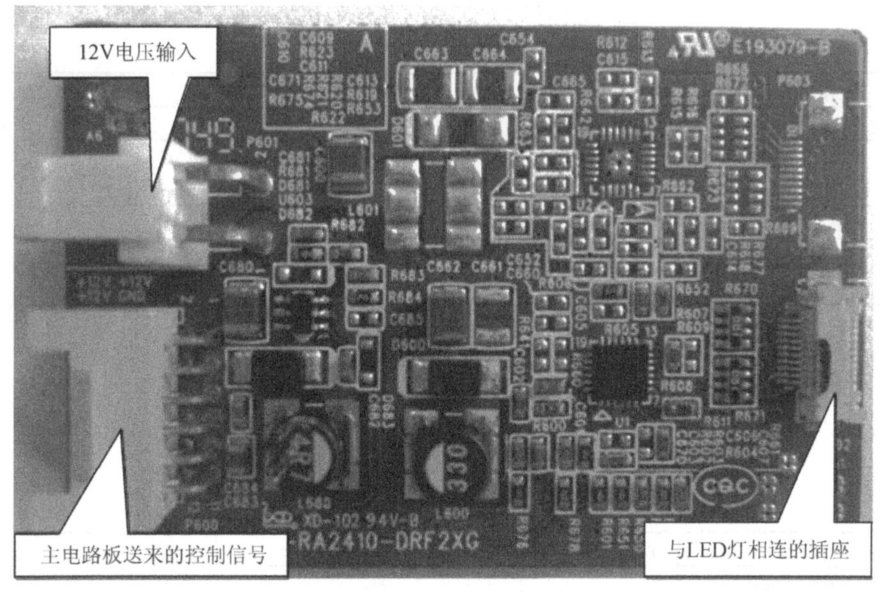

图 18-6　背光灯电路板

任务实施

一、实习器材准备

液晶电视机、常用的防静电工具、常用的维修工具和指导书等。

二、液晶电视机背光灯电路专题训练

1. 背光灯驱动电路板电路的识读

小心取下背光灯电路板，研究其电路，并绘出电路图。

2. 背光灯电路板电压的测量

（1）开关机控制电压的测量

按照要求，在接插头 P_{201} 处 12 脚处测量，填写表 18-1。

表 18-1　背光灯电路板电压测量表

工作状态	在 P_{201} 的 12 脚处测量
遥控开机时的电压	
遥控关机时的电压	

（2）调光控制电压与波形的测量

电视机开机收台，按照要求，在接插头 P_{201} 的 11 脚处测量，填写表 18-2。

表 18-2　调光电压与波形测量表

工作状态	在 P_{201} 的 11 脚处测量
光最暗时的电压	
光最暗时的波形（标出电参数）	
光最亮时的电压	
光最亮时的波形（标出电参数）	

（3）背光灯供电电压的测量

电视机开机收台，按照要求，在电路图 C_2（电路板上为 C_{600}）两端测量，填写表 18-3。

表 18-3　背光灯供电电压测量表

工作状态	在电路图 C_2（电路板上为 C_{600}）两端处测量
遥控开机时的电压	
遥控关机时的电压	

（4）背光灯升压输出电压的测量

电视机开机收台，按照要求，在电路图 C_3（电路板上为 C_{662}）两端测量，填写表 18-4。

表 18-4　背光灯升压输出电压测量表

工作状态	在电路图 C_3（电路板上为 C_{662}）两端处测量
遥控开机时的电压	
遥控关机时的电压	

（5）LED 灯串（发光二极管）两端电压的测量

电视机开机收台，按照要求，在电路图 C_3 正极与 R_{15} 之间测量，填写表 18-5。

表 18-5　LED 灯串（发光二极管）两端电压测量表

工作状态	在电路图 C_3 正极与 R_{15} 之间处测量
亮度最大时的电压	
亮度最小时的电压	

根据表 18-5 测试的结果，可知调光时的 LED 灯串两端电压的变化范围。

项目十九　液晶电视机的调试与维修技能训练

【教学目标】

1）掌握液晶电视机调试的知识。
2）掌握液晶电视机调试的方法。

【工作任务】

1）掌握液晶电视机调试的原理。
2）掌握液晶电视机调试的技能。

相关知识

目前，液晶电视机都采用 I^2C 总线技术来进行调试，无需打开电视机后盖，用遥控器即可进行调试。液晶电视机 I^2C 总线调试技术包括进入方法、调试方法与退出方法这几部分。

一、液晶电视机 I^2C 总线调试状态的进入方法

1. 进入方法

目前，液晶电视机都采用密码输入法来进入调试状态，但不同的电视机进入 I^2C 总

线调试状态的密码是不同的，对 TCL-L19P21 的电视机，进入调试状态的方法是：按电视机遥控器的“菜单键”，选择“对比度”调试状态，在 5s 内连按遥控器的 9735 按钮，即可进入 I^2C 调试状态。

2. I^2C 调试状态显示的总菜单

TCL-L19P21 彩色电视机进入 I^2C 调试状态后，屏幕显示的总菜单如下。

Hot Key（热键盘）
Warm up（变暖）
W B（白平衡）
Shop Set（商用设置）
Shop Init（商用初始化）
NVM　Reset（非易失性存储器复位）
Pre Channel（预置频道）
Power Mode（电源开机模式）
Design Menu 1（设计菜单 1）
Design Menu 2（设计菜单 2）
Sound Curve（声音曲线）
Ver（版本）

二、各个菜单调试功能说明

1. Hot Key（热键盘）

Hot Key 正常为 on 状态，共有 on/off 两个功能可以转换，转换时电视机无变化。

2. Warm up（变暖）

Warm up 正常为 on 状态，共有 on/off 两个功能可以转换，转换时电视机无变化。

3. W B（白平衡）

W B（白平衡）有下列功能可调。

1）Balance Source（均匀源，即信号选择）共有 AV1/YPbPr/PC/HDMI 可以转换。

2）Color Temp（临时色温），正常为 Normal 状态，共有 Normal/Warm/Cool 三个功能可以转换，转换时屏幕的底色会发生变化。

3）R——GAIN，正常为 0，在“-128～0～+127”可调。

4）G——GAIN，正常为 0，在“-128～0～+127”可调。

5）B——GAIN，正常为 0，在“-128～0～+127”可调。

6）R——OFF SET，正常为 0，在“-128～0～+127”可调。

7）G——OFF SET，正常为 0，在“-128～0～+127”可调。

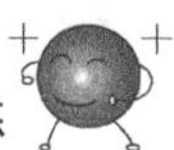

8）B——OFF SET，正常为 0，在“-128～0～+127”可调。

9）W B　Init，白平衡初始化，有 Do/OK 可调。

4. Shop Set（商用设置）

Shop Set（商用设置）有下列功能可调。

1）Init Vol（初始化量），正常为 20，在“0～+100”可调。

2）Picture Mode（图像模式），共有 Standard/Bright/User/Soft 四个功能可选，转换时屏幕没有多大变化。

3）Sound Effect（声音效果），共有 Standard/News/Movie/User 四个功能可选，转换时屏幕没有变化，只对声音有影响。

4）Power Logo（电源图标），共有 on/off 两个功能可以转换，转换时屏幕无变化。

5. Shop Init（商用初始化）

正常状态为 Do，共有 Do/Wait 两个功能可以转换，在 Wait 状态时，屏幕上的图像会消失，原台的所有数据会被清除掉，应关机后重新调台才会出现图像。

6. NVM Reset（非易失性存储器复位）

正常状态为 Do，共有 Do/OK/Wait 三个功能可以转换，在 OK 或 Wait 状态时，屏幕上的图像会消失，屏幕左下角会出现存储器的型号，原来所有数据会被清除掉，应关机后重新调台才会出现图像。

7. Pre Channel（预置频道）

有 HuiZhou（惠州）/TTET/WuXi（无锡）三个功能可以转换，转换时屏幕无变化。

8. Power Mode（电源开机模式）

正常状态为 Do，共有 On/Last/Stand by 三个功能可以转换。On 状态时，电视机开机后即可正常收看；Last 状态时，电视机开机后先显示图标，再出现图像；Stand by 状态时，电视机开机后为待机状态，需要按遥控器的开机按钮才会出现正常的图像。

9. Design Menu 1（设计菜单 1）

Design Menu 1（设计菜单 1）有下列功能可调。

1）Tuner AGC（调谐器 AGC 调整），正常为 0，在“-10～0～+5”可调。

2）Project10（项目调整），正常为 083/L19P21E/CN，有 000/MTK～DEMO/CN 可选，当不是选择 083/L19P21E/CN 时，开机后会出现如下两种情况：无信号时，电视机一直会蓝屏；有信号时，几秒钟后会转变为黑屏，但还有正常的声音。

3）Print Message（打印信息），正常状态为 on，共有 on/off 两个功能可以转换。

4）DBC，正常状态为 0，在“0～2”可调。

5）DB-CP，正常状态为 100，在“20～100”可调。

6）DBC-BP，正常状态为 40，在“50～20”可调。

7）Spread Step（扩展步骤），正常状态为 50，在“0～255”可调。

10. Design Menu 2（设计菜单 2）

Design Menu 2（设计菜单 2）有下列功能可调。

1）Blue Mute（蓝静音），正常状态为 on，共有 on/off 两个功能可以转换。转换时，图像几乎不变。

2）Other CT1（其他 CT1），正常状态为 on，共有 on/off 两个功能可以转换。转换时，彩条图像绿紫色之间的边界会变化。

3）Flesh Tone（鲜艳调整），正常状态为 on，共有 on/off 两个功能可以转换。转换时，彩条图像红色会变化。

4）Luma control（Luma 控制），正常状态为 on，共有 on/off 两个功能可以转换。转换时，彩条图像边界会变化。

5）Hotel Menu（旅馆菜单），正常状态为 on，共有 on/off 两个功能可以转换。转换时，彩条图像无变化。

6）USB UPG，空白。

7）Back IT（黑色 IT），正常状态为 on，共有 on/off 两个功能可以转换。转换为 off 时，图像会消失，黑屏，需关机重启才能使电视机正常工作。

8）Descramble box，正常状态为 off，共有 on/off 两个功能可以转换，转换时无变化。

9）Video Lock（图像锁定），正常状态为 on，共有 on/off 两个功能可以转换，转换时无变化。

11. Sound Curve（伴音曲线）

Sound Curve（伴音曲线）有下列功能可调。

1）VoL-1，正常状态为 0，在 0～2 范围可调。

2）VoL-10，正常状态为 3，在 0～27 范围可调，调整时声音大小在改变。

3）VoL-20，正常状态为 27，在 3～65 范围可调。

4）VoL-40，正常状态为 65，在 27～104 范围可调。

5）VoL-50，正常状态为 104，在 65～153 范围可调。

6）VoL-70，正常状态为 153，在 104～220 范围可调。

7）VoL-100，正常状态为 220，在 153～255 范围可调。

8）TV Pre，正常状态为 60，在 0～255 范围可调。

9）AV Pre，正常状态为 98，在 0～255 范围可调。

10）IS Pre，正常状态为 110，在 0～255 范围可调。

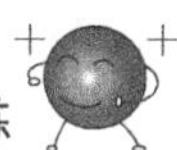

12. Ver（版本）

1）Prj，083/L19P21E/CN。
2）Ver，V8-MT23L01-LFIV048。
3）Panel Model M185xwl-V6-Auo。
4）PSU MLT1160-DRA1910。
5）SIACP VER 0.01。
6）Date Oct 18 2010。

任务实施

一、实习器材准备

液晶电视机、常用的防静电工具、常用的维修工具和指导书等。

二、液晶电视机调试专题训练

1）液晶电视机开机，并收台
2）用遥控器输入密码，让电视机进入调试状态
3）进行调试
① 每个项目调试前，都应记下其初始参数，才能进行调试。
② 对各个参数进行调试，看图像与伴音的变换，并做好记录。

项目二十　液晶电视机综合维修技能训练

【教学目标】

1）掌握液晶电视机维修的知识。
2）掌握液晶电视机维修的方法。

【工作任务】

1）掌握液晶电视机维修的知识。
2）掌握液晶电视机维修的技能。

相关知识

一、不能开机（无光栅）维修流程

当液晶电视机出现无光栅故障，其检修思路与 CRT 电视机是不相同的。要使液晶电视机出现光栅，除了开关稳压电路工作应正常之外，其背光灯电路应正常工作，背光灯应正常点亮；液晶屏的 12V 供电电压应正常；送往液晶屏的各个信号应正常，三者缺

一不可。而这三者又跟 DC/DC 变换电路有关，也与 CPU 电路有关，检修起来远比 CRT 电视机复杂。

对 TCL-L19P21 型液晶电视机不能开机这种故障，其检修思路重点是先查开关稳压电源输出的 12V 电压是否正常。若测得稳压电路输出的 12V 电压不正常，应先检修开关稳压电路。若稳压电路输出的电压正常，一方面应查背光灯控制电路中的待机/开机控制电路的电平是否正常。正常工作时，CPU 开关机控制脚为低电平，Q_{103} 截止，P_{101} 连接线的第 12 脚（ON/OFF 端子）为高电平（3.3～5V），背光灯驱动板正常工作，液晶电视机有正常的图像。遥控关机时，CPU 开关机控制脚为高电平，Q_{103} 饱和，P_{101} 连接线的第 12 脚（ON/OFF 端子）为低电平（0V），背光灯驱动板停止工作，液晶电视机无光栅。另一方面应查调光控制电压是否正常。调光时，波形的占空比从 10%变化到 80%；用万用表来测量时，电压值在 0.3～3.3V 范围变化，并且电视机每次开机时，PWM 信号的初始电压有效值设定为 2V。再一方面，应查送往液晶屏的工作电压 12V 是否正常。以上三个地方的电路任一个工作不正常，都会引起无光栅。

若上述中的三个电压都不正常，应查 12V 转 5V 稳压电路输出的 5V 电压是否正常。若不正常，应进一步检查 5V 转 3.3V 稳压电路输出的 3.3V 电压是否正常。这两个电压中的任一个不正常时，CPU 的工作电压就会不正常。若上述两个电压都正常，应查 CPU 的时钟电路、复位电路是否正常。检修流程如图 20-1 所示。

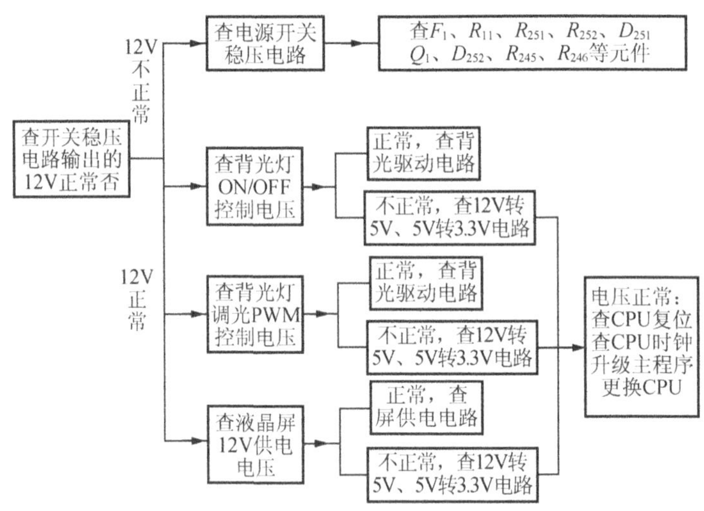

图 20-1　无光栅检修流程

二、图像不良故障的维修

液晶电视机能接收多路输入信号，出现图像不良故障现象时，应先区分故障的范围，逐一检查才能解决问题。

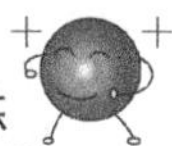

1. 先看 TV、AV1、AV2 等单个信源的像是否不良

图像不良维修方法是：若仅是某个信源图像不良，首先目测该信源通道电路的元件，有没有明显的短路、虚焊现象，重点排除相关电路的元件。

当 TV、AV1、AV2 各个信源的图像都不良时，因所有的视频信号均通过 U001 处理后再输出给后端，所以各种信源的像不良故障可能是由主芯片 U001 工作异常引起的，因此需要判断问题是否由 U001 工作异常引起。

2. 再看 DVI、VGA、HDMI 输入信号的像是否不良

若仅是某个信号源图像不良，首先目测该信源通道电路的元件，有没有明显的短路、虚焊现象，重点排除相关电路的元件，检查信号有无送到主芯片 U001。

若 DVI、VGA、HDMI 输入信号的像都不良，也可能是由主芯片 U001 工作异常引起，因此需要判断问题是否由 U001 工作异常引起。

当出现图像扭曲时，应检查 AGC 设置参数。当图像出现杂波大时，应查看 IF 通道及 Video 通道是否异常。

图像不良故障的检修流程如图 20-2 所示。

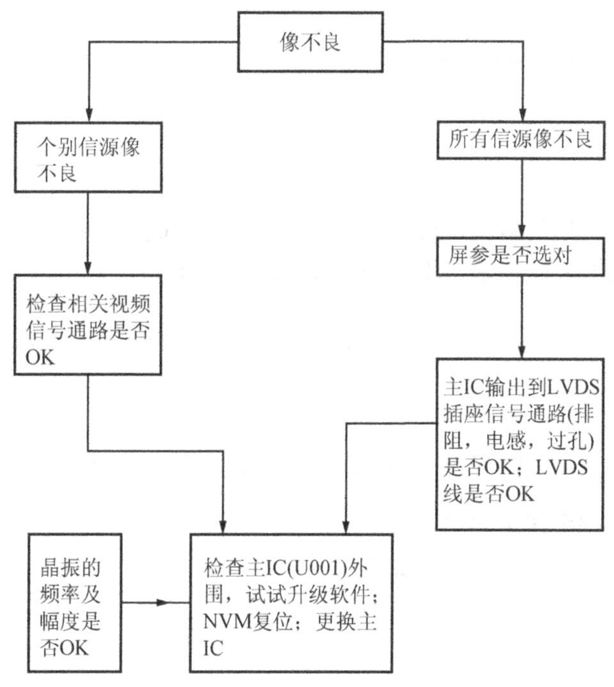

图 20-2　图像不良检修流程

三、声音不良维修流程

液晶电视机出现伴音不良故障的检修思路与图像不良检修思路相同，也是采用故障

分割方法来进行检修。根据不同通道输入的伴音信号出现的情况，加以对待。因不同通道输进去的声音信号都是在主芯片 U001 控制下进行切换的，故当所有通道的伴音信号都出现不良时，应检查 U001 切换控制信号输出是否正常、伴音信号选择电路 HEF4052B 工作是否正常。此外，还应检查伴音功放静音控制电路是否正常、伴音功放电路是否正常。只有这样，才能完全解决问题。

液晶电视机声音不良的检修流程如图 20-3 所示。

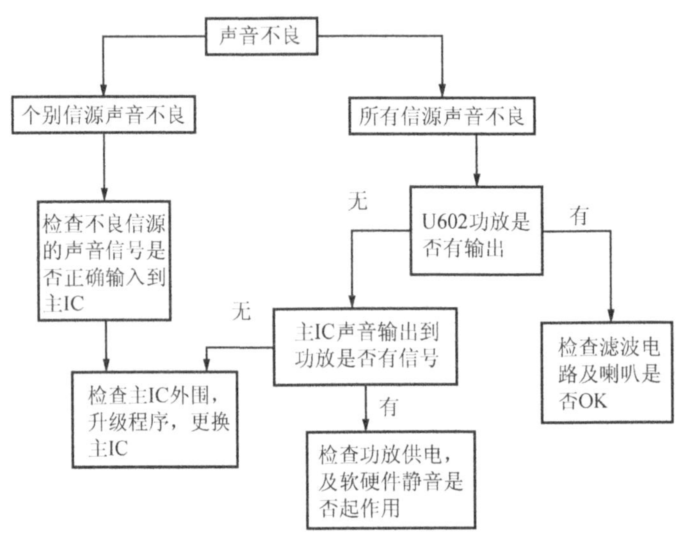

图 20-3　伴音不良检修流程

液晶电视机的其他故障就不再分析，总之，在了解机芯工作原理的基础上，再加上自己的分析和适当的经验积累，维修起来才会得心应手。

任务实施

一、实习器材准备

液晶电视机、常用的防静电工具、常用的维修工具和指导书等。

二、液晶电视机故障维修专题训练

设置各种故障，进行故障模拟训练。

参 考 文 献

何培森. 2009. 电视机原理与电路分析（第二版）. 北京：中国劳动社会保障出版社.

TCL 多媒体科技控股有限公司. 2011. 粘贴工艺规范.

TCL 多媒体科技控股有限公司. 2011. 布线工艺规范.

TCL 多媒体科技控股有限公司. 2011. TCL-L19P21 技术手册.

TCL 多媒体科技控股有限公司. 2013. WI-BGPETY-001 作业指导书.

TCL 多媒体科技控股有限公司. 2013. 液晶电视机成品检验与试验规范.